Meine Kräuterhexen-geheimnisse

Gabriele Bickel

Meine Kräuterhexengeheimnisse

- Tees und Liköre
- Wildkräuter und Naturheilmittel

Kosmos

Inhalt

Vorwort

Liebe Kräuterhexenfreunde,
die überwältigende positive Resonanz nach den Veröffentlichungen meiner Kräuterhexenbücher hat mich nun dazu bewogen, einen Großteil meiner Kräuterhexengeheimnisse in einem Band zusammenzufassen. Aus Hunderten von persönlichen Anfragen und Briefen habe ich die wichtigsten Fragen gesammelt und nun – nach Themen geordnet – notiert und beantwortet.

Folgen Sie mir zunächst in den Kräutergarten, und ich werde Sie durch die Jahreszeiten begleiten. Alle notwendigen Arbeiten werden dabei beschrieben, aber auch allgemeine Dinge, die zum Gartenalltag gehören, haben ihren Platz. Wenn Sie meine Tipps befolgen, werden auch Sie bald vor der üppigen Pracht der Kräuter stehen und sich fragen: „Was mache ich nun mit alledem?" Die Kräuterhexengeheimnisse vom Sammeln, Ernten und Konservieren werden Ihnen dann sehr hilfreich sein. Bei allen Rezeptvorschlägen habe ich darauf geachtet, dass sie verständlich und leicht nachzumachen sind.

Im Gespräch mit meinen Kunden und durch viele schriftliche Anfragen zum Thema „Tee" habe ich festgestellt, dass bei der Zubereitung der verschiedenen Teearten noch sehr viele Dinge unberücksichtigt bleiben. Das Kapitel „Alles Wichtige rund um den Tee" widmet sich ausführlich dieser Tatsache.

Viele Kräuterfreunde haben in der Zwischenzeit ein ganz besonderes Hobby im Umgang mit Kräutern entdeckt. Elixiere und Tinkturen sowie Kräuteressig und -öl werden als willkommene Geschenkideen wieder selbst angesetzt. Was dabei zu beachten ist, gehört natürlich auch zu den in diesem Buch aufgeführten Kräuterhexengeheimnissen. Natürlich dürfen die Schönheitstipps nicht zu kurz kommen. Duftiges für Nase und Schönheit wird ebenso beschrieben wie die Herstellung von Salben und Cremes. Aber auch was Sie innerlich für Ihre Schönheit tun können, bleibt nicht unerwähnt.

Leider ist es nur sehr wenigen Menschen vorbehalten, so gut wie nie oder nur selten von einer Krankheit heimgesucht zu werden. In diesem Buch habe ich viele Tipps der Volksheilkunde und eigene Erfahrungen so zusammengestellt, damit Sie sich mit der Hilfe von Heilkräutern auch selbst helfen können. Dies ist allerdings häufig nur begleitend zu einer ärztlichen Therapie möglich. Das Kräuterhexenlexikon stellt Ihnen die wichtigsten Wohlfühlkräuter, wie sie bei uns zu finden sind, vor. Es handelt sich hierbei um Wild- und Gartenkräuter, die jeder Kräuterfreund selbst anbauen oder sammeln kann.

Ich wünsche Ihnen nun, meine lieben Kräuterhexenfreunde, und all jenen, die es noch werden wollen, viel Freude und Anregungen mit diesem Buch der gesammelten Kräuterhexengeheimnisse. Es würde mich sehr freuen, wenn ich Ihnen einerseits auf diesem Wege ein Stückchen mehr Lebensfreude und andererseits Verständnis für die Schätze der Natur schenken könnte.

Ihre Sternenfelser
Kräuterhexe

Meine besten Hexengarten-tipps

Anbauen und pflegen im Frühling

Ein guter Start in die Kräutersaison

Die Arbeiten im Hexengarten sind noch von der kalten Jahreszeit geprägt. Der Winterschutz am Rosmarin und anderen mediterranen Gewächsen wird kontrolliert und bei Bedarf erneuert, die Winterstürme sind doch heftig genug, Zweige und Holzwolle hinwegzuwehen.
Die jedoch wichtigste Arbeit findet nicht im Kräutergarten, sondern in der „Guten Stube“ statt: die Planung der Neupflanzungen im Frühjahr und das Notieren, was in den Beeten geändert werden sollte. Eine wichtige Frage, denn die Kräutersaison der Gärtnereien beginnt bereits im Februar mit erster Topfware. „Topfwaren“ sind akklimatisierte Kräuterpflanzen in Töpfen mit gut ausgebildeten Wurzeln, die bereits im zeitigen Frühjahr, wenn der Boden offen ist, ausgepflanzt werden können. Es ist darauf zu achten, dass der Gartenboden, auch bis in tiefere Schichten, nicht mehr gefroren ist. Selbst bei hoher Bodenfeuchte müssen neugepflanzte Kräuter gut gegossen werden, um ein optimales Anwachsen zu gewährleisten.

Krokusse und Schneeglöckchen kündigen den Frühling an.

Die kalten Tage bieten sich an, um ein bisschen in Kräuterbüchern zu schmökern.

Bei Kahlfrösten die Pflanzen schützen

Ich halte zeitig danach Ausschau wie weit meine Tulpen und Krokusse bereits aus der Erde schauen und decke sie bei Bedarf, das heißt bei so genannten „Kahlfrösten“, etwas ab. Kahlfröste sind Frostperioden ohne Schnee. Sie bringen die meisten Ausfälle; die Pflanzen erfrieren nicht nur, sondern sie vertrocknen auch gleichzeitig. Bei einer ausreichend geschlossenen Schneedecke kann so etwas nicht passieren. Man sagt nicht umsonst, Schnee im Winter sei das Bettuch der Natur.

Erster Rückschnitt im Frühjahr

In der Zeit des Ostereierverzierens fallen bereits die ersten Arbeiten im Hexengarten an. Die grünen Austriebe der Frühkräuter und die „Frostleichen“ sind jetzt genau zu erkennen und voneinander zu unterscheiden.

Erst jetzt, wenn der Neuaustrieb an meinen Heil- und Küchenkräutern deutlich auszumachen ist, werden die abgestorbenen Triebe des vergangenen Jahres zurückgeschnitten. Sie bildeten einen natürlichen Winterschutz vor dem Erfrieren und Vertrocknen.

Bestandsaufnahme im Garten

Wenn ich nun durch meinen Garten gehe, wird eine Bestandsaufnahme gemacht. Welche Pflanzen sind noch vorhanden, welche müssen ausgetauscht werden, welche sind zu teilen, und wo ist noch ein Plätzchen frei für Neuankömmlinge – alles Fragen, die ich bei einem Gartenspaziergang versuche zu beantworten.

Jetzt ist es Zeit, Rosen zu pflanzen

Es wird immer wieder empfohlen, Rosen im Herbst oder Spätherbst zu pflanzen. Ich ziehe jedoch die Frühjahrspflanzung vor. Ein gutes Anwachsen ist dann besser möglich. Meine Lieblingsrosen sind die besonders gut duftenden historischen Rosen mit dem Namen ‘Heinrich Blanc’.

Rosen lieben ein sonniges luftiges Plätzchen, an dem es aber nicht zu zugig sein sollte.

Kräuter werden meist bündelweise getrocknet.

Anbauen und pflegen im Sommer

Schneiden regt den Neuaustrieb an

Eine der Arbeiten im sommerlichen Hexengarten ist die Ernte der Kräuter und das anschließende Vorbereiten für die Trocknung. Durch das Abschneiden werden die Pflanzen gleichzeitig zum Neuaustrieb angeregt. Der Vorgang kann mehrmals wiederholt werden. Ab September wird nicht mehr geschnitten, damit die vorhandenen Triebe ausreifen und somit über den Winter kommen können. Bei den hier erwähnten Kräuterpflanzen handelt es sich ausschließlich um Stauden, also mehrjährige Heil- und Würzkräutergewächse, die mit den Jahren zu stattlichen Exemplaren heranwachsen. Bei einjährigen Kräutern, das sind jene, die jedes Jahr neu ausgesät werden müssen, ist im Höchstfall ein Rückschnitt möglich.

Der optimale Platz zum Kräutertrocknen

Zum Trocknen vorgesehene Kräuterbündel sollten nicht zu dicht gebunden werden. Man vermeide beim Trocknen von Heilkräutern Sonne und Durchzug, denn die Inhaltsstoffe würden dadurch weitestgehend zerstört. Die Küche ist ein denkbar ungünstiger Platz, da Küchendunst und Wasserdampf den Kräutern und ihren Wirkstoffen mächtig zusetzen.

Für eine flächige Trocknung auf dem Tablett müssen Blüten und Blätter vom Stängel gezupft werden.

Eine öfter blühende Rose wird zu neuem Blütenflor angeregt, wenn man Verblühtes abschneidet.

Von „Un"kräutern und vom Gießen

Einer Kräuterhexe geht es im Gegensatz zu anderen Gärtnern gut, wenn es sich um die so genannten lästigen „Un"kräuter handelt, die sich selbst ansiedeln. Sie sind sogar sehr willkommen, da sie oft als Heilpflanzen von Nutzen sind.
Auch Gießen ist nur in geringem Umfang nötig. Viele Heil- und Würzkräuter kamen ursprünglich aus dem Mittelmeerbereich zu uns. Sie sind daher Hitze und Trockenheit gewöhnt, ja sie lieben sie geradezu.

Die Pflege der Rosen

Zu den schönsten Arbeiten im sommerlichen Hexengarten gehört die Pflege meiner Rosensträucher. Die Pflegearbeiten im Sommer bestehen darin, Verblühtes auszuschneiden, um einen Fruchtansatz zu verhindern.
Eventuell aufgetretene Blattläuse an den Blüten spritze ich nicht tot, sie dienen einem Heer von Marienkäferlarven als Speise. Man muss nur im Stande sein, diesen Blattlauskolonien solange tatenlos zuzuschauen, bis die Larven der Marienkäfer ihre Nahrung entdeckt haben. Dann ist allerdings schnell nichts mehr davon übrig.

Jetzt an Trockenblumen-arrangements denken

Im Sommer ist das Angebot an Blumen und Rosen auf den Wochenmärkten groß und sehr günstig. Denken Sie jetzt an Ihre Trockendekoration im Herbst und Winter. Rosensträuße zum Beispiel sind jetzt billig und üppig, und die Qualität der Rosen lässt eine Trocknung zu.

Gönnen Sie sich den Luxus und kaufen Sie Rosen bundweise zum Trocknen.

Eine farbenfrohe Mischung verschiedenster Samenstände und Kapseln

Anbauen und pflegen im Herbst

Getrocknete Samenstände als Herbstdekoration

Auch im Kräuterhexengarten ist es Herbst geworden. Damit meine Staudenkräuter den Winter gut überstehen, habe ich Ende September schon die Ernte eingestellt. Die letzten Sommertriebe können so in Ruhe ausreifen und sind dann den Strapazen der kalten Jahreszeit mit Schnee und Eis eher gewachsen.

Lediglich die Samenstände schneide ich noch zu Dekorationszwecken, auch wenn die Samen bereits ausgefallen sind. Die Samenstände von der Jungfrau im Grünen, von Schafgarbe, Johanniskraut, Goldrute, Labkräutern, Wilder Möhre, der wilden Waldrebe, Klatschmohn, Rainfarn und Oregano sind im Kräutergarten noch häufig zu finden oder werden jetzt, wenn die ganze Blütenherrlichkeit dahin schwindet, erst richtig wahrgenommen. Einen Teil davon hänge ich in Bündeln unter die Decke, damit ich sie für die feierlichen Dekorationen im Advent mit Goldspray (ohne Treibgas – ehrlich!) veredeln und verarbeiten kann.

Kübelpflanzen ins Winterquartier umsiedeln

Es ist jetzt die Zeit gekommen, die Kübelpflanzen von der Terrasse zu nehmen. Ich

So prächtig kann Lavendel im Garten Jahr für Jahr blühen.

warte damit immer so lange wie nur möglich. Erst wenn das Wetteramt irgendwelche zu erwartenden Nachtfröste voraussagt, wandern Olivenbaum, Zitronenstrauch, Brautmyrte und Kakteen in den Wintergarten. Dort müssen sie so lange verharren, bis die besagten Nachtfröste auf Dauer wieder ausbleiben. Eine kühle und helle Umgebung ist die beste Voraussetzung für die Überwinterung von empfindlichen Pflanzen. Ein Wintergarten ist ideal, notgedrungen tut es auch ein heller Keller, das Treppenhaus oder die Waschküche. Alle Überwinterungsräume sollten bei ansteigenden Temperaturen gründlich gelüftet werden.
Meine Verbene (Zitronenstrauch), die übrigens wie unsere einheimischen Laubbäume im Winter alle ihre duftenden Blätter verliert, wird bei dieser Gelegenheit kräftig zurückgeschnitten. Im Frühjahr treibt sie dafür um so stärker aus.
Hat der Kräuterfreund Salbei und Lavendel im Garten, so möge er sie weder auspflanzen noch zurückschneiden. Unter normalen Umständen sind sie im Frühjahr wieder da.

Einen Winterschutz aus Holzwolle bringe ich zum Beispiel an Rosmarin oder auch an empfindlichen Rosensorten an.

Blumenzwiebeln setzte ich ganz einfach mit einem Zwiebelsetzer in die Erde. In der Regel wird eine Zwiebel zwei- bis dreimal so tief gesetzt, wie sie hoch ist.

Frühlingsblüher und Zwiebelblumen pflanzen

Die Zwiebelblumen, wie beispielsweise Krokusse und Schneeglöckchen, und viele weitere Frühjahrsblüher können noch bis zum ersten Frost gepflanzt werden. Je später ich sie der Erde anvertraue, um so später wird aber auch die Blüte stattfinden. Ich ziehe daher einen früheren Zeitpunkt vor, zum Beispiel ab September.

Welch ein farbenprächtiger Anblick – Herbstlaub, hier von einem Ahorn, im Garten

Vorbereitungen für den Winter treffen

Die Vorbereitungen für den kommenden Winter prägen das Bild des Spätherbstes im Hexengarten. Sträucher und Rosen

Neugierig lugt schon der erste Wintergast um die Ecke.

werden zurückgeschnitten. Der Winterschutz aus Tannenreisig oder Holzwolle wird an denjenigen Pflanzen angebracht, die in unseren Breiten als nicht winterhart einzustufen sind. Dazu gehören unter anderem Rosmarin, Thymian, junger Salbei, neugepflanzte Weinraute, manche Rosensorten und die Eberraute. Um ganz sicher zu gehen, ist es ratsam, einen Teil dieser Pflanzen im Haus zu überwintern.

In weiser Voraussicht – Unkrautjäten im Spätherbst

Die letzte ordnende Tätigkeit im Kräutergarten ist das Unkrautjäten in den Beeten und auf den Wegen, denn im Frühjahr verbreiten sich die ungeliebten „Begleitkräuter“, wie Vogelmiere, Löwenzahn und Gräser, schneller als alle anderen Pflanzen.

Überwinterungsmöglichkeiten für Kleinlebewesen

Stehen gebliebene Samenstände und verdorrte Zweige dienen einer Reihe von Kleinlebewesen als Überwinterungswohnung. Aus diesem Grund fege ich auch Laub und abgebrochene Zweige in eine Ecke oder unter einem Strauch zusammen, um auf diese Weise zweifachen Winterschutz anzubieten. Erstens für die Pflanzen selbst und zweitens für Gäste aus dem Tierreich. Aber auch Lavendel, Salbei und Co. benötigen ihre oberirdischen Triebe, um über den Winter zu kommen. Kräuterrückschnitt ist eine Arbeit für den Frühling!

Hier finden ganzjährig Insekten, Mäuse und Igel einen Unterschlupf.

Salbei im Winter – ein frostig bizarres Schauspiel

Anbauen und pflegen im Winter

„Winterernte" von Salbei und Co.

In Gebieten mit mildem Klima ist auch eine winterliche Ernte möglich. Normalerweise können hier auch noch in gefrorenem Zustand Salbeiblätter für den Erkältungs- und Hustentee frisch geerntet werden. Für meinen Wintersalat pflücke ich bei dieser Gelegenheit noch ein paar Blätter der Pimpinelle und einen kleinen Bund Weinbergslauch.
Nach dieser „Winterernte" kontrolliere ich meinen Rosmarin und ob seine Reisigdecke noch dicht genug ist oder von Windstößen oder Tieren „ausgedünnt" wurde.

Schnittlauch ins Zimmer holen

Sie können im November ein paar Wurzelstücke vom Schnittlauch ausgraben. Lassen Sie diese draußen durchfrieren und setzen Sie sie dann in Töpfe. Die Töpfe können Sie ans Zimmerfenster stellen, um dort neuen Schnittlauch anzutreiben und so auch den Winter über mit seinem schmackhaften Grün versorgt zu sein.

Ab und zu ernte ich auch im Winter – hier ein paar Blättchen Salbei.

Kresse gibt Speisen im Winter Pfiff

Kresse kann man eigentlich das ganze Jahr über im Freien aussäen. Sie ist dort schon zwei Wochen nach der Aussaat erntereif. Doch gerade jetzt im Winter gibt sie vielen Speisen den fehlenden Pfiff.

Der Anbau im Haus geht einfach und schnell. Streuen Sie die Samen auf ein feuchtes Tuch oder Vlies, welches auf einem Teller oder einer flachen Schale, zum Beispiel einem Tonuntersetzer, liegt. Die Samen dürfen während des Keimens nicht austrocknen. Sie brauchen stets gleichmäßige Feuchtigkeit. Nach spätestens einer Woche stehen die ersten grünen Blätter erntereif und zum Verzehr bereit.

Schön anzusehen ist die Aussaat in einem sogenannten „Kresseigel" – einer Tonschale in Igelform mit ein paar Rillen drin.

Der Verzehr von Kresse regt den Stoffwechsel an und ist appetitanregend. Kresse ist reich an Vitamin C. Sie wird nur frisch verwendet und würzt Salate, Eierspeisen, Quark und auch Kartoffeln. Ein Butterbrot mit Kresse belegt schmeckt einfach fantastisch. Für Ihren Ostertisch können Sie Kresse in Eierschalen aussäen.

Wer möchte auf solch leckeres Grün im Winter verzichten?

ALSACE

Hexenkräuter sammeln, ernten und konservieren

Sammeln und ernten im Frühjahr

Die besten Sammelplätze für Wildkräuter

Ich möchte Ihnen hier einige Hinweise für Ihren nächsten Sammelspaziergang geben, die auch von einer Kräuterhexe beachtet werden und ihr sehr am Herzen liegen. Da wären zunächst die Wiesen, die Waldränder und -lichtungen abseits vom Straßenverkehr, überdüngten und gespritzten Feldern und Weinbergen – und Wegränder ohne „Hundeverkehr“. Aber selbst abgelegene Stellen bedürfen einer exakten Beobachtung zu verschiedenen Zeiten, um sichergehen zu können, dass es sich lohnt, dort zu sammeln. Nicht zu vergessen wäre übrigens der eigene Garten, sofern vorhanden. Als Gartenbesitzer wissen Sie am besten darüber Bescheid, wie Sie ihn behandeln. Einen Rat: Zügeln Sie Ihre „Unkrautrupfwut“, und viele Heilkräuter finden von alleine den Weg in Ihren Garten. Sie brauchen sich dann nur noch zu bücken, um diese zu ernten. Sie sparen somit Weg und Zeit und können zu optimalen Erntezeiten Ihren Sofortbedarf und Ihren Vorrat decken. Streuobstwiesen und Wasserschutzgebiete sind ebenfalls relativ unbelastet, wenn wir einmal vergessen, was durch die „Luft kommt“. Aber schließlich müssen wir ja auch atmen.

Leuchtend gelber Löwenzahn prägt im Frühling das Bild der Wiesen.

Ein prall-gefüllter Erntekorb mit Ringelblumen, Dill und einigen anderen nützlichen Kräutern.

Die ersten grünen Blättchen können geerntet werden

Nun beginnt die Zeit der Wildkräuter, die in der Küche der Kräuterhexe benötigt werden. Ich gehe hinaus und schaue nach den ersten grünen Blättchen und Blüten auf der Wiese. Löwenzahn, Schafgarbe, Sauerampfer, Wegeriche, Wilder Knoblauch, Bärlauch, aber auch Brennnessel, Gänseblümchen und Knoblauchrauke sind jetzt gerade jung und zart genug, um daraus Salat, Spinat oder eine wohlschmeckende Suppe oder Soße zuzubereiten.

Frisch zusammengebunden: Dill und Petersilie

Säubern der gepflückten Kräuter

Heißes und gründliches Waschen sind ebenso wichtig wie ein rasches Verarbeiten der gesammelten Schätze. Wenn Bedenken gegen eine etwaige Ungezieferbelastung ausgeräumt werden müssen, so wäre mein Rat, die Kräuter kurz zu blanchieren, das heißt für eine Minute in kochendes Wasser tauchen. Die Pflanzensubstanz leidet zwar etwas unter dieser Behandlung, dafür sind aber selbst Fuchsbandwurmgelege unschädlich gemacht. Diese Vorgehensweise entfällt natürlich bei allen gekochten Wildkräutergerichten.

Das Aroma von Schnittlauch erinnert an Zwiebeln.

Frische Kräuter richtig aufbewahren

Frisch geschnittene Kräuterbündel, wie Petersilie, Schnittlauch, Weinlauch, Dill, Gartenrauke und Sauerampfer, lassen sich zwei bis drei Tage im Kühlschrank aufbewahren. Gekaufte Kräuterbündel sollte man zunächst am unteren Ende ein Stück abschneiden und in Wasser stellen. Haben sich die Pflanzen erholt, werden sie wie frisch geerntet geschnitten. Die Kräuter macht man dann nass und legt sie in eine Plastikdose oder einen Plastikbeutel (beide lebensmittelverträglich). Auf diese Weise kühl und feucht gehalten, behalten sie etwa drei Tage lang ihre Frische.

Wildkräuter sind reich an Inhaltsstoffen

Grundsätzlich muss man eines wissen: Wildkräuter – gleichgültig, ob es sich hierbei um Küchen- oder um Heilkräuter handelt – besitzen sehr hochwirksame Inhaltsstoffe, die sich sowohl im Geschmack als auch in der Wirkung bemerkbar machen. Die meisten Kräuter haben Bitterstoffe, ätherische Öle, Vitamine, Gerbstoffe, Zucker und hormonähnliche Substanzen in ihren Pflanzenteilen sehr unterschiedlich verteilt vorliegen. Es ist leicht zu verstehen, dass diese Inhaltsstoffe, deren Intensität darüber hinaus stark von der Erntezeit abhängt, auch für den Geruch und den Geschmack verantwortlich sind.

Viele Gerichte bekommen durch die Zugabe von Kräutern und Gewürzen erst den richtigen Pfiff.

Wildgemüse aus der Hexenküche

Das Kochen mit Wildkräutern ist hauptsächlich in den Frühlingsmonaten möglich. Im Sommer sind die Pflanzen ausgewachsen und somit einfach zu derb, bitter und damit ungenießbar. Eine Ausnahme bilden die Blüten, die auch im Sommer noch für die Zubereitung in der Küche geeignet sind.

Die einfachste Methode, den Geschmack der Wildkräuter kennen zu lernen, besteht darin, einmal eines ihrer Blätter oder eine Blüte „pur" zu probieren. Das ist sicherlich nicht jedermanns Sache, und ich gebe zu, auf diese Art und Weise sind Überraschungen im positiven und im negativen Sinne möglich. Etwas entschärfter ist da schon die Methode eines wässerigen Auszugs, das heißt entweder als Tee oder als Suppe. Das zu erforschende Kraut wird kurz in Wasser oder Fleischbrühe aufgekocht. So gibt es das Geheimnis seines Geschmacks preis.

Die Mutigen unter den Kräuterköchen, die sich mit dem Gedanken tragen, gleich eine nahrhafte Kräutermahlzeit herstellen zu wollen, sollten an dieser Stelle den Rat der Kräuterhexe befolgen: Ersetze nur einen Teil der Essenszutaten durch Wildkräuter! Im Klartext heißt das, dass bei der Zubereitung von Wildgemüse, beispielsweise aus Brennnesselblättern, Schafgarbenblättern, Gänseblüm-

Ob rot, ob blond, ob braun – hier meine Lieblingsgäste aus der großen Gemüse-Familie

chen, Gierschblättern oder Sauerampfer, ein Teil durch Mangoldgemüse, Blumenkohl, Kohlrabi, Sellerie oder Kartoffeln ersetzt wird.
Ähnlich wäre das Vorgehen bei der Zubereitung von Wildkräuterspinat, -suppe oder -soße. Apropos Spinat: Der „Gute Heinrich" wurde lange Zeit als milder Spinat oder Suppeneinlage hoch geschätzt, fehlt ihm doch der bittere, zusammenziehende Geschmack unseres heutigen Spinats. Entdecken Sie diese Art Spinat neu! Es wird mit Sicherheit eine angenehme Überraschung sein.

Verwendung der Kräuterpflanzenteile

Es werden immer nur die Blätter, nicht jedoch die Stiele verarbeitet, da diese einfach zu derb sind. Blätter von Pimpinelle oder Brennnessel müssen auf jeden Fall abgezupft werden. Nur so ist eine optimale Geschmacksqualität gewährleistet.

Den Guten Heinrich findet man in ländlichen Gegenden an Wegrändern.

Sammeln und ernten im Sommer

Viel zu tun gibt es im Sommer

Für die Kräuterhexe ist die Sommerzeit die arbeitsintensivste Zeit des Jahres. Jeden Morgen ist ein Rundgang im Kräutergarten angesagt, um festzustellen, welche Kräuter heute erntefähig sind. Salbei, Thymian, Rosmarin, Minzen, Weinraute, Estragon und Wermut müssen vor der Blüte für den Wintervorrat – man höre und staune: Winter! – geerntet werden. Sie haben dann die höchste Wirksamkeit in ihren Blättern. Rosen- und Lavendelblüten, Kamille, Schafgarbe, Ringelblumen und viele andere blühende Kräuter müssen gerade dann geerntet werden, wenn sie am Aufgehen sind. Als Ernteutensilien brauchen wir ein Messer oder eine Schere, einen Korb oder einen Stoffsack – und Handschuhe, zum Beispiel bei der Ernte von Brennnesseln.

Diese Duftpfingstrose wächst seit vielen Jahren in meinem Garten.

Die Kornblume wird meist als Schmuckdroge in Teemischungen verwendet.

Frische Kräuter – getrocknete Kräuter

Frische, duftende Kräuter, wie Salbei, Rosmarin, Thymian, Liebstöckel, Ysop, Bohnenkraut, Dill und Estragon, um nur eine kleine Auswahl zu nennen, ernte ich jetzt täglich, um sie dann sofort zu Kräuteressigen, -ölen, -likören, -weinen und -schnäpsen zu verarbeiten.
Das besondere Aroma eines Frischkrautes ist mit dem seiner getrockneten Variante selten zu vergleichen. Es gibt wenige Ausnahmen, wie Waldmeister, Beifuß und Oregano, deren speziellen Würzstoffe erst durch den Trocknungsprozess entstehen.

Praktische Erntehelfer: Korb, Handschuhe, Messer und Schere

Beim Ernten ist man vom Wetter abhängig

Die tägliche Ernte muss bei regnerischer Witterung allerdings ausfallen, denn nur an trockenen Tagen und meistens am frühen Mittag besitzen meine Kräuter ihre höchste Wirkung und Würzkraft. Darauf lege ich hohen Wert, denn ein verwässertes Kraut lässt sich – wenn eingelegt – geschmacklich nur sehr schwach ausmachen.

Eine erfahrene Kräuterhexe lehnt sich nach einer Regenperiode noch zwei Tage zurück, bis sie Erntekorb und Messer wieder in die Hand nimmt.

Kräuter richtig trocknen

Kräuter, die getrocknet werden sollen, werden nicht gewaschen, um die Trocknungszeit nicht unnötig zu verlängern. Grob anhaftende Erde, Sand oder Steinchen werden kurz abgeschüttelt oder fallen während des Trockenvorganges von selbst ab.

Für Zweifler habe ich da einen Extra-Tipp: Man dusche seine Kräuter mit der Gießkanne am Stock und lasse die so gereinigten Exemplare an der Luft zwei Tage lang trocknen und ernte sie dann.

Und für die Essighersteller ein weiterer Rat, wenn es schnell gehen muss. Die ausgewählten Kräuter kurz waschen und nach Bewohnern absuchen, die ansonsten im Essig herumschwimmen würden. Diese sind zwar unschädlich, sehen optisch aber nicht gerade einladend aus. Anschließend trockne man die Kräuter in einer Salatschleuder.

Mit einem Zweig Rosmarin kann man Essig aufpeppen.

Geröstete Maronen sind eine Delikatesse, wenn es draußen kalt und stürmisch ist.

Sammeln und ernten im Herbst

Reichliche Ernte von Beeren und anderen kulinarischen Köstlichkeiten

Es ist nun an der Zeit, Brombeeren für meinen Sherry gleichen Namens und Holunder für ein Elixier zu ernten. Zudem werden die roten „Beeren" des Weißdorns jetzt mit den getrockneten Blüten und einem Zweig Rosmarin zu einem ganz und gar herzhaften Schnaps angesetzt.

Der Herbst ist überhaupt die Zeit, in der in der Kräuterhexenküche sehr häufig kulinarische Köstlichkeiten zubereitet werden. Pilze, Esskastanien, allerlei frisches Gemüse und Salate, Kartoffeln, Äpfel und Birnen laden geradezu ein, jetzt als Grundlage für ein Festmahl zu dienen.

Küchen- und Heilkräuter für den Wintervorrat ernten

Gerade im Herbst gibt es oft noch stabile Schönwetterperioden, die Kräuterwuchs und -sammlung positiv beeinflussen. Es ist eine günstige Zeit, Kräuter neu auszupflanzen, der Boden ist jetzt durch die ersten Nebel wieder feucht.

Heilkräftige Wurzelkräuter können jetzt ausgegraben werden

Der Spätherbst ist die Zeit der Wurzelkräuterernte. Löwenzahn-, Liebstöckel-, Beinwell- und Baldrianwurzeln werden jetzt ausgegraben. Am besten ist es, den Platz der Wurzelkräuter bereits im Spätsommer zu markieren. Die oberirdischen Pflanzenteile ziehen sich im Herbst zurück, das heißt, alle wichtigen Inhaltsstoffe, wie Vitamine und Mineralstoffe, werden in die Wurzel „zurückgegeben", um diese zu stärken, und Kraut und Blätter sterben ab. Dies kann je nach Witterung sehr schnell gehen.

Welch ein Anblick – ein Walnussbaum in seinem Herbstkleid

Auch jetzt können noch Küchen- und Heilkräuter für den Wintervorrat geerntet werden.

Löwenzahnwurzeln eignen sich für die Leber-Galle-Therapie, Liebstöckelwurzeln helfen bei Wasseransammlungen und Blasen-Niereninfekten, Beinwellwurzeln gegen Verstauchungen und Verletzungen und nicht zuletzt besitzen Baldrianwurzeln für unsere Nerven im Spätherbst die größte Heilwirkung.

Wichtige Pflanzen im Spätherbst

Zu den „Kräutern" im Spätherbst, wobei ich das Wort Kräuter absichtlich in Anführungszeichen setze, gehören auch Schlehen, Walnuss und Zitronenstrauch.

Walnüsse ernte ich im Spätherbst und trockne sie für den Wintervorrat.

Aus dieser Aufzählung ergibt sich bereits, warum das Wort Kräuter hier nur bedingt richtig ist, denn es handelt sich um Baum, Strauch und eine Frucht.

Walnüsse sind vielseitig verwendbar

Die Nüsse sind jetzt gefallen und getrocknet, so dass sie für den Wintervorrat und natürlich auch für den Nikolaussack verfügbar sind. Die köstlichen Früchte liefern uns neben ihrem Fettgehalt, der vor der Kälte des Winters schützt, die fettlöslichen B-Gruppe-Vitamine, eine hervorragende Nervennahrung. Dem so genannten Zwischenhäutchen werden herzstärkende Wirkungen nachgesagt. Die grüne Schale der Nuss, die sich beim Trocknen dunkelbraun bis schwarz verfärbt, wurde schon zu Zeiten der Römer vor allem zum Färben der Haare verwendet. Auch heutige Tönungsmittel auf natürlicher Basis werden aus Walnussschalen hergestellt.

Wird die ganze Frucht am längsten Tag des Jahres, dem 21. Juni, geerntet und kleingeschnitten, ergibt dies, entsprechend angesetzt, einen wohlschmeckenden, tiefbraunen Nusslikör.

Die Blätter des Walnussbaumes nimmt man gerne als Abwehrmittel gegen lästige Insekten. Diese werden durch den Duft der Walnussblätter, den ich übrigens als sehr angenehm empfinde, vertrieben.

Die Schlehe ist eine bei uns heimische Heckenpflanze.

Schmackhafte Schlehenfrüchte

Die länglich-kugeligen, schwarz-blau bereiften Früchte der Schlehen werden nach dem ersten Frost gesammelt. Das sehr säuerlich schmeckende und adstringierende Fruchtfleisch wurde durch die Frosteinwirkung etwas gemildert, ein Genuss „pur" ist dennoch nur etwas für Hartgesottene.
Die Schlehenfrüchte werden zu Schlehenursaft in der Rekonvaleszenz. Nicht zu vergessen das Schlehengelee.

Die Blätter des Zitronenstrauches werden im Sommer und im Herbst geerntet.

Zitronenstrauchblätter geben Tees den richtigen Pfiff

Schlehenlikör – für kalte Wintertage

Der Zitronenstrauch ist ein stark nach Zitrone duftendes, hoch aufragendes Gewächs. Er hat mit dem Zitronenbaum überhaupt nichts zu tun, und seine Früchte sind auch keine Zitronen. Er überwintert kahl als Kübelpflanze im Wintergarten. In Frankreich ist der Zitronenstrauch unter der Bezeichnung „Verbene" bekannt, den deutschen Namen „Wohlriechendes Eisenkraut" finde ich persönlich etwas irreführend.
Der Verbenentee schmeckt besonders frisch, und kann somit so manch „tristen" Kräutertee aufpeppen. Auch Potpourris, die einen Teil Zitronenstrauchblätter enthalten, gehören zu den Frischen ihrer Art. Ganz nebenbei besitzt der Strauch eine Heilwirkung bei Magenkrämpfen, schlechter Verdauung, Migräne, Herzklopfen und nervöser Erschöpfung.

Kräutergarten mit einer schön geschnittenen Buchseinfassung

Sammeln und ernten im Winter

Einige besondere „Winterkräuter“

Im Winter, wenn alle Blüten verschwunden sind und die Laubbäume alle Blätter verloren haben, wird eine Pflanzenart wieder um so dankbarer beachtet, die Immergrünen. Erst jetzt sind die Mistelbüschel in den Baumkronen deutlich zu erkennen. Die Stechpalmen im Nordschwarzwald haben sich mit roten „Beeren“ geschmückt, die Buchsbaumbüsche in meinem Garten und die Beeteinfassung aus Buchsbaum treten jetzt mit ihrer dunkelgrünen Belaubung besonders in den Vordergrund. Die Efeuranken an

Während der Weihnachtszeit werden Mistelzweige über Türrahmen aufgehängt. Stehen Mädchen oder Frauen unter ihm, dürfen sie den Kuss eines Verehrers nicht verwehren.

Ein schmucker Kranz aus Ilexblättern

Bäumen und Mauern zeigen ihre blaugrünen Fruchtstände, sofern es sich um alte Efeupflanzen handelt.

Mistel – ein Halbparasit auf Bäumen

Sie wächst auf verschiedenen Baumarten wie beispielsweise Pappeln, Eichen oder Obstbäumen – es handelt sich hierbei in der Regel um Laubbäume.
In der Medizin wird die Mistel bei Epilepsie, Bluthochdruck, Arteriosklerose, träger Verdauung und Regelbeschwerden eingesetzt. Sie wirkt betäubend auf das Zentralnervensystem und verlangsamt den Herzschlag. In der Krebstherapie gibt es eine Reihe von Untersuchungen, die die Anwendung von Mistelinjektionen wissenschaftlich erfassen und auswerten, wobei noch keine abgeschlossenen Ergebnisse vorliegen.

Stechpalme als Weihnachtsschmuck

Die Stechpalmenblätter wurden früher als schweiß- und harntreibende Droge bei Husten, Lungenentzündung, Wassersucht, Rheuma und Fieber verwendet. Ihre „Beeren“ wirken stark abführend und Brechreiz erregend durch bestimmte Giftstoffe. Als Kräuterhexe empfehle ich Ihnen jedoch aufgrund der giftigen Inhaltsstoffe beides, Blätter und Beeren, heutzutage wirklich nur als Weihnachtsschmuck zu verwenden. Ilex ist allerdings eine Rote-Liste-Art und darf daher nicht gesammelt werden.

Efeu hilft bei Nervenschmerzen

Efeu ist ebenfalls giftig und wirkt besonders innerlich angewandt und bei höheren Dosen gefährlich. Früher wurde Efeublättertee als Abführmittel getrunken, das mit Sicherheit aufgrund seiner

Blätter und Früchte des Efeus sollte man nur als Schmuck für Kränze und Arrangements verwenden.

Ein schnelles Fortbewegungsmittel ist mein Hexenbesen.

Inhaltsstoffe den Verdauungstrakt aufs heftigste angeregt hat – in beiden Richtungen. Als Umschlag bei Nervenschmerzen ist diese Pflanze eher geeignet.

Buchsbaum – Symbol des ewigen Lebens

Der Buchsbaum als Symbol des ewigen Lebens ist genauso giftig wie die anderen bereits beschriebenen Vertreter der Immergrünen. Er erfreut sich in den letzten Jahren als Einfassungspflanze immer größerer Beliebtheit.

Die Ausbeute einer meiner Kräuterwanderungen durch Feld, Wiese und Garten

Die 9 wichtigsten Kräuterhexenregeln

Für den Umgang mit Pflanzen

1. Nicht von bespritzten und gedüngten Wiesen und Feldern sammeln.
2. Pflanzen sind Lebewesen und wollen behutsam gepflückt werden.
3. Nicht in den Wiesen unnötig herumtrampeln und dadurch Pflanzen zerstören.
4. Immer einen Teil der Pflanzen für den Arterhalt stehen lassen.
5. Wurzeln nur bei häufigem Vorkommen ausgraben.
6. Nur an trockenen Tagen gesunde und trockene Pflanzen sammeln.
7. Nie mehr Pflanzen sammeln, als man tatsächlich verarbeiten kann.
8. Nie geschützte Pflanzen sammeln; es gibt sie aus Kulturanbau in Apotheken zu kaufen.
9. Kräuter, wenn möglich, selbst anbauen. Auch Wildkräuter wachsen zumeist in jedem Garten und kommen oft sogar von ganz alleine.

Meine Kräuterwanderungen dauern etwa zwei Stunden.

SIR.
SIMPLE

Meine Kräuterhexen-grundrezepte

Ein Tee aus frischer Melisse hilft bei Einschlafschwierigkeiten.

Alles Wichtige rund um den Tee

„Tee ist nicht gleich Tee"

Beginnen wir mit der ursprünglichsten Art der Heilkräuterzubereitung: dem Heilkräutertee. Tee ist nicht gleich Tee! Diesen Sachverhalt möchte ich gleich vorwegnehmen, wenn es sich auch noch so banal anhört. Zunächst muss geklärt werden, welche Pflanzenteile von welchen Pflanzen überhaupt benutzt werden können, um einen Tee mit Heilwirkung zu erhalten. Es ist durchaus nicht gleichgültig, ob ich Blüten, Blätter, das ganze Kraut oder nur die Wurzel verwende, denn der Wirkstoff ist nicht immer und überall gleichmäßig verteilt.
Manche Kräuter haben sogar einen mehrfachen Nutzen, je nachdem, welche Teile ich verwende. Der altbekannte Löwenzahn zum Beispiel kann als Blüte, als Wurzel oder als Kraut für drei verschiedene Heilwirkungen verwendet werden.

Tees aus frischen Kräutern

Eine nach meiner Kräuterhexenerfahrung noch bei vielen unbekannte Teezubereitung ist der Frischtee. Es herrscht wohl noch die verbreitete Meinung vor, Teeherstellung sei nur von getrockneten Drogen möglich. Der Begriff „Droge" hat übrigens ursprünglich nichts mit „Rauschgift" zu tun, sondern ist ein so genannter Terminus technicus für getrocknete Pflanzen oder Pflanzenteile schlechthin.
Doch zurück zum Frischtee! Solange frische Pflanzen zu ernten sind, kann daraus jederzeit Tee zubereitet werden. Probieren Sie einmal frische Minze, Kamille, Schafgarbe, Melisse, Salbei usw. kleingeschnitten als Tee aufgebrüht und mit einigen frischen Beeren, Orangenscheiben, Honig oder einer Zimtstange gewürzt. Wenn Sie nicht wissen, welche Pflanzenteile Sie verwenden sollen, gehen Sie einfach „Ihrer Nase nach", intensiv duftende Blätter oder Blüten weisen Ihnen den richtigen Weg. Das ist übrigens die älteste Methode des Pflanzenkennenlernens. Eine Faustregel für die Zubereitung eines Frischtees ist allerdings zu beachten: Pflanzenzellen beinhalten Kristallwasser. Somit liegt deren Wirkstoffgehalt ver-

dünnt vor, und Sie benötigen daher die doppelte Menge frischer Pflanzen im Vergleich zu getrockneten Substanzen.

Rezept für einen Frischkräutertee

Nehmen Sie je eine Prise von frisch erblühten Duftrosenblütenblättern, Ananassalbeiblättern, Minzblättern, Lavendelblüten, Ringelblumenblüten, Melissenblättern, Basilikumblättern, Verbenenblättern, Kornblumenblüten, Schafgarbenblüten, Salbeiblüten, Ysopblüten und -blättern u. a. m. für eine Tasse Tee. Sie können diese Kräuter einzeln oder als Mischung genießen. Dafür werden die frischen Pflanzenteile gehackt oder kleingeschnitten, heiß übergossen und nach fünf Minuten abgeseiht. Ein solcher Frischtee schmeckt gesüßt oder ungesüßt und löscht im Sommer auch „kalt" hervorragend den Durst.

Tee aus getrockneten Pflanzenteilen

Die weitaus bekannteste Teezubereitung ist die aus getrockneten Pflanzenteilen.

Den Geschmack eines Frischkräutertees kann man sich durch Kandiszucker versüßen.

Die Vorteile des „Trockentees" liegen darin, dass ein solcher Tee eine gute Lagerfähigkeit besitzt, darüber hinaus kann bei sachgemäßem Umgang eine weitgehendst gleich bleibende Qualität gewährleistet werden. In der Apotheke dürfen nur Heilkräuter abgegeben werden, welche in Laboratorien auf Wirkstoffgehalt, Rückstandsfreiheit und Reinheitsgrad untersucht sind – sie entsprechen den Vorschriften der geltenden Arzneibücher.

Schonender Teeaufguss

Die wohl bekannteste Art, Tee zu brühen, ist der Aufguss. Bei diesem werden die zerkleinerten Drogen mit kochendem Wasser überbrüht.

Salbeiblätter, Ringelblumen- und Lavendelblüten (von links nach rechts)

Frisch aufgebrühter Tee schmeckt mir am besten.

Das ganze lässt man eine bestimmte Zeit ziehen, seiht dann ab und hat den trinkfertigen Teeauszug.
Geeignete Pflanzenteile für den Teeaufguss sind Blüten und Blätter oder aber das ganze Kraut einer Heilpflanze, sofern die Stiele noch nicht zu sehr verholzt sind. Solch ein Aufguss ist die schonendste Art, einen Tee zuzubereiten, und eignet sich daher auch speziell für Kräuter mit einem hohen Anteil an ätherischen Ölen, welche sich bei starkem Erhitzen oder gar Kochen verflüchtigen würden. Aber selbst grobe Pflanzenteile wie Wurzeln, Rinden oder Samen (Früchte) können bei einem entsprechenden Zerkleinerungsgrad auf diese Weise zubereitet werden. Ein Teeaufguss ist für die frische Zubereitung wie auch für einen Trockentee geeignet.
Ein wohlschmeckender Teeaufguss ist bereits nach fünf Minuten trinkfertig. Dies gilt auch für Heiltees aus Blüten und Blättern sowie zerkleinerten Früchten, wie zum Beispiel von Fenchel und Anis. Das Herausziehen von möglichst viel „Heilkraft“ durch längeres Stehenlassen des Aufgusses geht leider meist auf Kosten des Geschmacks. Heiltees mit einem bewusst gewählten Anteil Bitterkräuter, wie zum Beispiel Wermut, Tausendgüldenkraut, Engelwurz und Löwenzahn, werden immer bitter schmecken. Das ist dann die Heilwirkung. Bitterstoffe lassen sich übrigens auch mit Zucker nicht „vertuschen“.

Lassen Sie den Tee nicht zu lange ziehen.

Ein weiterer möglicher Fehler besteht darin, dass oftmals die Vorschrift „zugedeckt ziehen lassen“ nicht berücksichtigt wird. Aufgrund dieser Nachlässigkeit haben dann sämtliche ätherischen Öle, die übrigens zu den wirksamsten Teebestandteilen gehören, die Möglichkeit – bedingt durch ihre rasche bzw. hohe Flüchtigkeit –, sich im ganzen Raum zu verteilen, was ihnen aber als Teetrinker freilich wenig nützt.

Lagerung von trockenem Tee

Alle Trockenkräuter möchten auch als solche behandelt werden, das heißt trocken, dunkel und – wenn möglich – bei Zimmertemperatur lagern. Geeignete Vorratsgefäße sind Dosen mit einem festschließenden Deckel, um Feuchtigkeit und eventuelle Untermieter in Form von Motten und anderem Getier fernzuhalten. Sie können auch Einmachgläser mit Schraubdeckel verwenden, wenn diese im Schrank, das heißt im Dunkeln, stehen. Offene Kräutertees sollten nur ein Jahr gelagert werden, da anschließend der Wirkstoffgehalt rapide absinkt.

Bei dieser schönen Tasse mit Deckel vergisst man es bestimmt nicht, seinen Tee zugedeckt ziehen zu lassen.

Das Abkochen „harter" Pflanzenteile

Abgekocht werden alle Pflanzenteile, die wir landläufig als hart bezeichnen würden. Das sind Rinden, Hölzer, Wurzeln, grobe Blätter und unzerkleinerte Früchte, zum Beispiel von Fenchel, Hagebutten und Kümmel. Zu den Rinden und Hölzern, die als Teegrundlage verwendet werden können, gehören Weiden- und Eichenrinde, Zimtrinde und Rotes Sandelholz. Wurzeln, die gekocht werden sollten, sind unter anderem die von Liebstöckel, Löwenzahn, Baldrian, die Hauhechelwurzel und die beruhigende Süßholzwurzel.

Teemischungen mit Rinden und Wurzeln ergeben Hustentees, Blasen- und Nierentees, Hauttees und – nicht zu vergessen – Heilkräutermischungen generell gegen Schmerzen.

Zinnkrauttee muss wegen seiner relativ harten Pflanzensubstanz ebenfalls gekocht werden. Die Kochzeit für alle Drogen beträgt etwa zehn Minuten.

Vorzüglich lässt sich Tee in Einmachgläsern aufbewahren.

Leinsamen werden kalt angesetzt.

Der sanfte Kaltansatz

Er ist immer dann angebracht, wenn es sich um Pflanzen mit einem hohen Schleimstoffgehalt handelt oder um Kräuter mit Inhaltsstoffen, die bei einem heißen Aufguss oder gar beim Kochen herausgelöst werden und dann eine leicht giftige Wirkung zeigen. Der Kaltansatz löst aus diesen Heilpflanzen nur die für unsere Gesundheit wichtigen Substanzen heraus. Er wird am besten am Vorabend angesetzt. Man übergießt die entsprechende Heilpflanze (zum Beispiel Eibisch, Leinsamen oder Mistel) mit kaltem Wasser. Pro Tasse Wasser nimmt man einen Teelöffel davon.

Das Ganze lässt man zugedeckt über Nacht ziehen, dann seiht man die Pflanzenteile ab und erwärmt diesen Wasserauszug auf Trinktemperatur (Nicht sieden! Nicht kochen!).

Grundsätzlich sollten alle Teezubereitungen immer frisch hergestellt werden, da durch eine zu lange Hitzeeinwirkung, zum Beispiel in einer Thermoskanne, viele wichtige Inhaltsstoffe und auch der gute Geschmack verloren gehen.

Selbst getrocknete Kräuter richtig lagern

Wenn Sie selbst einmal Kräuter trocknen wollen, so sollten diese „rascheldürr“ sein, ehe sie in gut schließenden Dosen gelagert werden. Jede Restfeuchtigkeit bringt unweigerlich Schimmelbildung mit sich. Nahezu alle Kräuter können getrocknet werden. Ausnahmen bilden die besonders fleischigen und wasserhaltigen Pflanzen, wie zum Beispiel Bärlauch.

Auf die Mischung kommt es an

Für die Zusammensetzung einer Teemischung sollte man über die Wirkung der einzelnen Bestandteile Bescheid wissen. Denn eine gute Teemischung besteht immer aus Wirkkräutern, geschmacksverbessernden Kräutern und eventuell aus so genannten Schmuckdrogen. Die Grenzen

Wenn ich unterwegs frischen Tee trinken will, nehme ich mir das heiße Wasser in einer Thermoskanne mit.

Welche Dose nehme ich heute?

sind hier allerdings fließend, da geschmacklich gute Kräuter und Schmuckkräuter natürlich auch eine eigene Heilwirkung haben können.

Zur Verdeutlichung ein Beispiel für eine Hustenteemischung: **Wirkkräuter** sind Salbei, Huflattich, Schlüsselblumen, Thymian, Spitzwegerich. Salbei und Thymian sind gleichzeitig auch Geschmackskräuter auf Grund ihres Gehaltes an ätherischen Ölen. **Geschmacksverbessernde Kräuter** sind unter anderem Anis und Fenchel, man nimmt sie auch wegen ihrer Heilwirkung (auswurffördernd, krampflösend), daher auch Wirkkräuter genannt. **Schmuckdrogen** sind Klatschmohnblüten. Sie geben der Teemischung „Farbe", sind aber gleichzeitig auch Heilkräuter (Klatschmohn zum Beispiel ist beruhigend).

Erst vor Gebrauch die Bestandteile zerkleinern

Ein wichtiger Aspekt bei der Zubereitung einer Teemischung ist zudem der Zerkleinerungsgrad der Bestandteile. Es ist wohl einleuchtend, dass das wichtigste Merkmal ätherischer Öle darin besteht, sich ohne Fettfleck rasch zu verflüchtigen und daher bei geschnittenen oder gar gemahlenen Drogen am schnellsten verloren gehen. Da diese ätherischen Öle aber oftmals eigentlich die Heilwirkung erbringen, ist es sinnvoll, diese Pflanzenteile im Ganzen zu lagern und erst unmittelbar vor Gebrauch anzustoßen.

Im Haushalt geht das Ganze auch mit einer ausgedienten Kaffeemühle (zum Mahlen von Kaffee später nicht mehr geeignet, da die Öle noch lange anhaften), in der unter anderem Anis, Fenchel und Kümmel kurz (!) zerkleinert werden.

In der Regel wird pro Tasse ein Teelöffel Kräutermischung mit kochend heißem Wasser überbrüht. Wichtig ist, dass der Tee zugedeckt zieht, sonst verflüchtigen sich wertvolle Substanzen in die Luft. Nach fünf Minuten seiht man ab und trinkt den Tee lauwarm.

Hohe Schlüsselblumen stehen gebietsweise unter Naturschutz.

Die Blüten der Echten Kamille kann man frisch oder auch getrocknet verwenden (oben). Dieser Tee bringt Kindern und Erwachsenen schöne Träume (rechts).

Gesundheitstee – wohlschmeckend und gut

Jeweils 10 g Kamillenblüten, Pfefferminzblätter, gestoßene Fenchelfrüchte, gestoßene Anisfrüchte, Hagenbuttenschalen, Eibischwurzel, Schlüsselblumenblüten, Rosenblütenblätter und 20 g Thymianblätter zusammen mischen. Einen Esslöffel pro Tasse in die Kanne geben, fünf Minuten zugedeckt ziehen lassen. Ein wohlschmeckender Tee, der zur Vorbeugung vor Erkältungskrankheiten dient.

Kindertraumtee – für schöne Träume

Hierfür jeweils 10 g gestoßene Fenchelfrüchte, Weißdornblüten und Hopfenzapfen, 20 g Passionsblumenkraut, Melissenblätter und Baldrianwurzel, 40 g Hibiskusblüten und 30 g Süßholzwurzeln in einem Gefäß mischen. Nehmen Sie pro Tasse einen Esslöffel der Mischung und lassen Sie den Tee fünf Minuten zugedeckt ziehen.
Dieser beruhigende „Traumtee" wird tiefrot und ist nicht nur für Kinder geeignet.

Wohlfühltee Nr. 3

Zu gleiche Teilen mischt man: Ringelblumen, Süßholz, Waldmeister, Zimt, Mate (grün), Zitronenmelisse, Lavendel, Brombeerblätter, Lindenblüten und pro Tasse zwei Duftrosenknospen.
Pro Tasse übergießt man einen gehäuften Teelöffel Teemischung, deckt die Tasse ab, lässt sie fünf Minuten ziehen, seiht ab, süßt nach Belieben und genießt das Getränk an seinem Lieblingsplatz.

Kräutertee mit Brombeerblättern

Nehmen Sie jeweils 10 g Lindenblüten, Ringelblumenblüten, Hagenbuttenschalen, Holunderblüten, Fenchelfrüchte und Waldmeisterkraut. Dann noch 30 g Brombeerblätter und 20 g Blüten von Römischer Kamille. Bei dieser Mischung benötigen Sie einen Esslöffel pro Tasse. Mit heißem Wasser übergießen und fünf Minuten zugedeckt ziehen lassen.

Den Zitronenkräutertee serviere ich – mit einer Zitronenscheibe dekoriert – im Sommer oft als Eistee.

Erfrischender Zitronenkräutertee

60 g Zitronellgras, 10 g blaue Malvenblüten und jeweils 20 g Verbenenblätter und Hibiskusblüten gut zusammenmischen. Pro Tasse einen Esslöffel Tee nehmen und fünf Minuten zugedeckt ziehen lassen. Eine zitronige Mischung ohne künstliches Aroma.

Wintertee – für triste Tage

Sie benötigen jeweils 10 g Hibiskusblüten, Rosenblüten, Orangenblüten, frisch gestoßenen Anis, frisch gestoßene Nelken und Thymian, jeweils 20 g getrocknete Apfelstücke, geschroteten Zimt, Brombeerblätter, frisch gestoßenen Fenchel und schließlich 25 g Hagebuttenschalen. Alle Bestandteile werden in einer großen Schüssel gemischt und in einer gut schließenden Teedose aufbewahrt.

Entwässerungskräuter auf einen Blick: (von links nach rechts) Liebstöckel, Hauhechelwurzel, Brennnessel, Stiefmütterchenkraut, Gänseblümchen und Zinnkraut

Entwässerungstee für die Frühjahrskur

Jeweils 20 g Brennnesselblätter, Birkenblätter, blau blühendes Stiefmütterchenkraut, Zitronengras und jeweils 10 g Gänseblümchen und Zinnkraut in einer großen Schüssel mischen.

Brennnesselblätter, Birkenblätter und die Blätter des Zinnkraut sind stark wassertreibende Drogen, die sich in dieser Kombination in ihrer Wirkung verstärken.

Wenn Sie diesen Tee die Frühjahrskur begleitend zu sich nehmen, sollten Sie nach vier bis fünf Tagen eine Pause von zwei bis drei Tagen einlegen, damit der Mineralstoffhaushalt im Organismus erhalten bleibt.

Entgiftungstee

Mischen Sie jeweils 20 g Labkraut, Zinnkraut, Thymianblätter und jeweils 10 g Brennnesselkraut und Salbeiblätter. Pro Tasse benötigen Sie einen Esslöffel dieser Mischung. Den Aufguss etwa fünf Minuten zugedeckt ziehen lassen.

Entschlackungstee zum Kuren

Sie benötigen jeweils 10 g Brennnesselkraut, Salbeiblätter, Orangenblüten, Spierstaude und jeweils 20 g Zinnkraut, Thymian und Schafgarbenblüten. Alle trockenen Bestandteile werden gut gemischt.

Man nimmt einen Teelöffel pro Tasse, überbrüht das Ganze mit kochendem Wasser und seiht nach fünf Minuten ab. Dieser Tee sollte kurmäßig zwei Wochen lang getrunken werden. Nach einer Pause von drei bis fünf Tagen kann die Kur noch einmal um eine Woche verlängert werden. Von diesem Tee trinkt man täglich ein bis zwei Tassen.

Schlaftee für eine erholsame Nacht

Jeweils 10 g gestoßene Fenchelfrüchte, Weißdornblüten, Hopfenzapfen und jeweils 20 g Passionsblumenkraut, Melissenblätter, Baldrianwurzeln, Johanniskraut und Waldmeisterkraut gut mischen. Einen Esslöffel pro Tasse in die Kanne geben, fünf Minuten zugedeckt ziehen lassen und genießen.

Manchmal braucht auch eine Kräuterhexe einen Schlaftee ...

Der würzige Bärlauch bildet dichte Blütenteppiche unter Bäumen.

Hauttee – auch als Kompresse geeignet

Man nehme jeweils 20g Eichenrinde, Erdrauchkraut und Klatschmohnblüten, jeweils 25g Zinnkraut und Schafgarbenblüten, jeweils 30g Weidenrinde, Geißbartkraut, Ehrenpreiskraut, Ringelblumenblüten und 50g Brennnesselkraut. Alle Drogen gut miteinander mischen. Einen Esslöffel pro Tasse nehmen und fünf Minuten zugedeckt ziehen lassen.
Diese Teemischung hat sich bei allen stoffwechselbedingten Hauterkrankungen bewährt. Man trinkt vier Wochen lang täglich drei Tassen. Auch zur äußerlichen Anwendung als Kompresse geeignet.

Auch der Kleine Fuchs findet Gefallen an Brennnesseln.

Elixiere und Tinkturen richtig ansetzen

Tinkturen als Heilmittel

Bei Elixieren und Tinkturen handelt es sich, einfach ausgedrückt, um alkoholische Pflanzenauszüge. Tinkturen gehören mit zu den ältesten Anwendungsformen von Heilpflanzen. Sie wurden aus frischen oder getrockneten Kräutern angesetzt und waren bzw. sind heute noch bei sachgemäßer Aufbewahrung eine lange Zeit haltbare Arzneiform.
Mit Tinkturen ist es möglich, auch für hochgiftige Pflanzen eine Arzneiform zu schaffen. Gerade bei ihnen bestimmt die Dosierung den noch gesundheitsförderlichen oder aber den tödlichen Grad der Verabreichung. Für die verschiedenen Tinkturen, die übrigens nicht nur aus Pflanzen sondern auch aus gelösten oder ausgezogenen Mineralien bestehen können, gibt es ebenso verschiedene Rezepturen, so dass die sachkundige Herstellung wirklich nur vom Fachmann (-frau) geleistet werden kann. Alle Inhaltsstoffe der Kräuter befinden sich in aufgeschlossener Form in diesem alkoholischen Heilmittel, so dass die Bestandteile auch schneller und nachhaltiger zur Wirkung kommen als beispielsweise ein Tee mit den gleichen Pflanzenbestandteilen. Tinkturen werden demzufolge als hochwirksame pflanzliche Arzneimittel tropfenweise angewendet. Zu den häufig gebrauchten Tinkturen gehören: Arnika-, Baldrian-, Blutwurzel-, Enzian-, Kamille-, Melisse-, Schöllkraut- und Wermuttinktur.

Basilikumwein – ein ausgefallener aber durchaus schmackhafter Aperitif

Wacholder-, Schlüsselblumen- und Provencelikör v. l. n.r.

Diesen herzigen Apfel esse ich lieber.

Die Wahl des Alkohols bei Elixieren

Einfacher und daher auch in jedem standardmäßig eingerichteten Haushalt möglich ist die Herstellung von Kräuterschnäpsen und Kräuterwein, also von Elixieren. Sie sind laut einschlägiger Lexika alkoholische Auszüge oder Mixturen aus pflanzlichen Substanzen mit Zusätzen wie Zucker, Extrakten und ätherischen Ölen.

Übliche Alkoholsorten sind Obstbrand (Äpfel / Birnen), Doppelkorn, Gin oder Rum, wenn der Eigengeschmack dieses Zuckerrohr-Destillats nicht stört. Mindestens genauso wichtig wie die Art des ausgesuchten Alkohols ist dessen „Konzentration". Sie sollte mindestens 38% Vol. betragen. Nur dann ist ein zufrieden stellender Pflanzenauszug möglich. Was nun die Kräuter betrifft, aus denen das Elixier hergestellt werden soll, gibt es eine fast unerschöpfliche Anzahl von Auswahlmöglichkeiten. Es ist daher sehr wichtig, sich vor dem Ansatz Gedanken zu machen, welchen Zweck ich mit einem solchen Trank erfüllen möchte, das heißt wie dieser wirken soll.

Zart sind die Blüten des Wohlriechenden Veilchens.

Magenkräuter und weitere wichtige Zutaten

Wichtige Magenkräuter sind: Wermut, Weinraute, Melisse, Kümmel, Pfefferminze, Enzianwurzel, Blutwurz, Tausendgüldenkraut – um nur einige zu nennen. Ein Herz-Kreislauf-Elixier benötigt unter anderem Weißdorn, Rosmarin, Veilchen- und Lavendelblüten. Das ist ebenfalls nur eine kleine Auswahl. Heilschnäpse können mit frischen oder getrockneten Kräutern und Früchten angesetzt werden.

Was die restlichen Zutaten laut Definition betrifft, können diese – je nach Rezept – in unterschiedlichen Anteilen zugesetzt werden. Ohne Süße geht es nicht! Mögliche Süßungsmittel sind neben dem üblichen Weißzucker natürlich auch Honig, Rohrzucker oder Kandiszucker.

Manche Pflanzenauszüge werden, meist in getrockneter Form, im Handel bereits als Extrakte angeboten. Diese werden dann in der Alkoholbasis gelöst. Ätherische Öle, wie zum Beispiel Pfefferminzöl, werden tropfenweise dazugegeben.

Heiltränke, die auf der Basis von hochprozentigem Alkohol angesetzt werden, sind fast unbegrenzt haltbar, eventuell auftretende Trübungen sind natürlich und unbedenklich.

Zucker gibt es in vielen Variationen – kristallin oder als Brocken, braun oder weiß.

Die Zuckerzugabe optimal timen

Den Zucker (gleich welchen) immer erst dem sauber abfiltrierten Pflanzenauszug zugeben. Zum Filtern eignet sich normales, haushaltsübliches Kaffeefilterpapier. Denn Zucker macht die Lösung „dick", und wir müssen uns ausgesprochen quälen, wenn der gelöste Zucker mitfiltriert werden muss. Das dauert dann sehr lange oder ist im schlimmsten Falle sogar unmöglich.

Grundrezept für Kräuterschnaps

Man verwendet 30 bis 50 Gramm getrocknete Pflanzenteile auf einen Liter Alkohol, mit einer Mindestkonzentration von 38% Vol. Gut verschlossen lässt man die Kräuter acht bis zehn Tage im Hellen und bei einer Temperatur von etwa 25 bis 30° Celsius ausziehen. Danach wird abgefiltert und in Flaschen gefüllt. Frischkräuter als ganze Stängel können aber zu dekorativen Zwecken in der Flasche bleiben.

Gut verschlossen ist ein Kräuterschnaps für lange Zeit haltbar. Ein solcher Heiltrank kann auch mit Wasser verdünnt angewendet werden.

Blutwurzelelixier nach Kräuterhexenart

Sie benötigen drei Stück Sternanis, 20g Blutwurzel und jeweils 5g Angelikawurzel, ganze Kardamomkapseln, geschroteten Zimt, gestoßene Wacholderbeeren, geschnittene Wermutblätter und Orangenschalen.
Diese Kräuter-Würzmischung wird in eine Weithalsflasche mit einem Liter Fassungsvermögen gegeben und mit 40%-igem Alkohol (Obstler / Korn) oder noch besser Topinambur-Schnaps aufgefüllt, verschlossen und mindestens 14 Tage lang im Hellen stehen gelassen. Danach abfiltrieren und zehn Tropfen reines ätherisches Pfef-

Eine kleine Auswahl meiner Tinkturen und Elixiere

ferminzöl zusetzen. Als Heiltrank bei Verdauungsstörungen und Völlegefühl ungesüßt anwenden. Als Aperitif wird die Gesamtmenge Flüssigkeit mit zwei Esslöffeln Krümelkandis gesüßt. Danach noch einmal eine Woche reifen lassen.

Verdauungsförderliches Lavendel-Minze-Elixier

20 Stängel frischen Lavendel, fünf Zweige frische Pfefferminze und 30 g abgezupfte Verbenenblätter in eine Flasche mit einem Liter Fassungsvermögen geben (es geht auch mit getrockneten Pflanzen).
Zwei Stangen Zimt und 20 g gestoßene Fenchelfrüchte in ein Mullsäckchen füllen und ebenfalls in die Flasche geben. Das Ganze mit einem Liter Obstschnaps auffüllen und zwei Monate im Hellen reifen lassen. Gelegentlich rütteln und danach abfiltrieren und mit 100 g weißem Kandiszucker leicht süßen. Diese ungewöhnliche Provence-Mischung ergibt ein besonders gut schmeckendes Verdauungströpfchen.

Selbst gemachter Schlehenlikör

Die Schlehen werden zunächst gewaschen und mit einem alten Küchentuch etwas trocken gerieben. Zirka drei Pfund Schlehen werden in einem entsprechend großen Topf oder Einmachglas für fünf Liter mit kochendem Wasser soweit übergossen, dass sie gerade bedeckt sind. Diesen Ansatz lässt man über Nacht stehen. Durch Wasseraufnahme sind die Schlehen am nächsten Morgen aufgeplatzt, besonders, wenn sie bei frostigem Wetter geerntet wurden. So entfällt das mühevolle Einstechen der Früchte. Das Wasser anschließend weggießen.
Das Ganze wird nun mit drei Pfund Zucker – ich nehme braunen Kandis – vermischt und erneut über Nacht stehen gelassen, damit sich dieser auflösen kann. Am Folgetag gebe ich drei Stangen Zimt und eine aufgeschlitzte Vanilleschote dazu

Gelb leuchten die Blüten der Blutwurz.

und fülle bis zum Rand des Behältnisses mit Alkohol auf. Welche Art Alkohol verwendet wird, ist reine Geschmackssache. Ich setze Schlehenlikör grundsätzlich mit trockenem Gin an.
Die zunächst klare Flüssigkeit verfärbt sich in den nächsten vier bis sechs Wochen Reifezeit in ein tiefes Karminrot und ist dann fertig und kann abfiltriert werden. In den kalten Wintermonaten sorgt mein Schlehenlikör so für die „Wärme von innen“. Die abfiltrierten Schlehenfrüchte sind jetzt nicht mehr so herb und schmecken hervorragend in Bratensoßen oder als Zugabe zu Desserts.

Verbenen-Minze-Likör und Löwenzahnschnaps (von links nach rechts)

Der „milde Kräuter“

Er besteht aus einem Ansatz aus je drei Stängel Estragon, Minzen, Salbei und Purpurfenchel pro ½ Liter. Als Gewürzzugabe habe ich pro ½ Liter noch fünf Kardamomkapseln, fünf Pimentfrüchte und eine Stange Zimt mit dazugeben. An Alkohol verwende ich einen Kräuterbrand, bei welchem Anis, Fenchel und Pomeranzenschale bereits mitdestilliert wurden. Der ganze Ansatz wird vier Wochen im Hellen ausgezogen und ohne Zugabe von Zucker in Flaschen abgefüllt.

Ich nenne ihn „milde Kräuter“.

Löwenzahnschnaps

Für eine Literflasche benötigt man 30 abgezupfte Löwenzahnblütenköpfchen und drei Stängel Zitronenmelisse. Beides wird in die Flasche gegeben und mit 40%-igem Obstschnaps aufgefüllt. Nach 14 Tagen im Hellen, während der Flascheninhalt einmal täglich gründlich aufgeschüttelt wird, hat sich der Alkohol goldgelb gefärbt und kann abfiltriert werden. Da es sich um einen verdauungsfördernden Heiltrank handelt, sollte von der Zugabe von Zucker abgesehen werden.

Als Aperitif gereicht veranlasst dieser Schnaps unsere Leber und Galle dazu, ihre Tätigkeit aufzunehmen. Sie sollen die Fettbestandteile unserer Nahrung zerlegen. Auf diese Art und Weise können Verdauungsstörungen, die durch verminderte Gallensekretion auftreten können, vermieden werden. Die Leber sollte allerdings, wie bei allen alkoholischen Tränken, gesund und funktionstüchtig sein.

Anis-Fenchel-Kümmel-Likör

Verbenen-Minze-Likör aus Apfelminze und Verbene

½ Liter Obstler (mindestens 38%-iger) wird mit zwei Esslöffeln braunem Kandiszucker, 10 g Verbenenblättern und drei Stängeln Apfelminze angesetzt. Man sollte ihn zwei Wochen im Hellen ziehen lassen. Danach abseihen, nochmals drei Wochen ruhen lassen.

Gut bekömmlicher Wacholder-Johannisbeer-Schnaps

50 g gestoßene Wacholderbeeren, 200 g abgezupfte schwarze Johannisbeeren, ein

Die Samen von Anis, Fenchel und Kümmel stoße ich stets mit dem Mörser an.

Wacholderzweig oder fünf Blätter des Johannisbeerstrauches, zwei Stangen Zimt und ein Stückchen frischen Ingwer in eine Flasche geben und mit einem Liter Obstwasser oder Gin auffüllen. Den Ansatz vierzehn Tage lang bei täglichem Schütteln im Hellen stehen lassen, danach abfiltern und nochmals vier Wochen ruhen lassen.
Dieser Wacholdertrank schmeckt zwar etwas herb, ist aber wohltuend bei „übersättigtem" Magen.

Anis-Fenchel-Kümmel-Likör gegen Blähungen

Je 30 g Anis, Fenchel und Kümmel in einem Mörser anstoßen, in ein Teefilterpapiersäckchen füllen und zubinden. Mit einem Stängel Pfefferminze und 150 g weißem Kandiszucker in eine Flasche füllen und mit einem Liter Obstler auffüllen. Etwa drei Wochen an einem warmen Ort stehen lassen, bis sich der Zucker aufgelöst hat. Danach abfiltrieren und in Flaschen mit einem frischen Zweig Pfefferminze abfüllen.
Ein Likör für alle Menschen, die unter Blähungen leiden.

Der „echte" Kräuterhexentrank

Drei Blätter Wermut, einen Zweig Weinraute, einen Blütenstand Johanniskraut, einen blühenden Zweig von Dost und zwei Salbeiblättchen in eine Flasche mit 250 ml Fassungsvermögen füllen. Mit 40%-igem Obstschnaps auffüllen und 14 Tage ziehen lassen. Die Kräuter können entweder abfiltriert werden oder in der Flasche verbleiben.

Der „echte" Kräuterhexentrank wird bei Verdauungsbeschwerden 1:1 mit Wasser verdünnt und immer vor dem Essen eingenommen.

Reife Hagebutten besitzen einen hohen Vitamin-C-Gehalt.

Von Zitronen sollten Sie stets nur unbehandelte Früchte verwenden.

Provencelikör von der Kräuterhexe

Die Blüten von 15 Stängeln Lavendel abzupfen, mit 20g Verbenenblättern und der dünn abgeschälten Schale einer unbehandelten Zitrone in eine Flasche geben und mit einem Liter Obstschnaps (40% Vol.) auffüllen. Vierzehn Tage im Hellen ziehen lassen, danach abfiltrieren und 50g weißen Kandiszucker zufügen. Das Ganze nochmals drei Wochen stehen lassen, bis sich der Zucker aufgelöst hat. Mit drei frischen, blühenden Lavendelstängeln und einem Stückchen Zitronenschale in Karaffen abfüllen. Ein wohlschmeckender Likör, der nicht ganz so süß ist.

Frische Rosmarinzweige sind vielseitig verwendbar.

Schafgarben-Rosmarin-Elixier

Für einen Liter Schafgarben-Rosmarin-Elixier benötige ich fünf Schafgarbenstiele mit Blättern und Blüten und zwei Zweige Rosmarin. Diese stecke ich in eine helle Flasche und gieße mit klarem Obstschnaps auf. Nach 14 Tagen ist der Auszug beendet, und es wird abfiltriert.

Hagebutten-Weißdorn-Elixier

Ein Liter Hagebutten-Weißdorn-Elixier entsteht aus 200g sehr reifen Hagebutten und 100g Weißdornfrüchten, die ebenfalls in einer Flasche mit klarem Schnaps im Hellen ausgezogen werden. Nach etwa drei Wochen kann man das Elixier abseihen und trinken.

Ein milder Kräuterlikör

Einfach ist die Herstellung eines milden Kräuterlikörs. Zehn verschiedene Heilkräuterzweige, wie zum Beispiel Melisse, Minzen, Estragon, Basilikum, werden mit einem Liter Schnaps ausgezogen. Es ist darauf zu achten, dass sich keine Bitterkräuter darunter befinden. Ein Zusatz von 10 g Anis oder Fenchel ergänzt das milde Aroma.

Der Bauchwehschnaps ist besonders wirksam ohne Zucker bei Magenverstimmungen und Durchfall.

Holunderelixier

Dieses Holunderelixier benötigt eine etwas aufwendigere Zubereitung. Bereits im Sommer werden für einen Liter Elixier fünf Holunderblütenstände getrocknet. Jetzt im Herbst gebe ich 300 g abgezupfte

Mit Holunderelixier kann man die Abwehrkräfte des Körpers aktivieren.

Erdbeeren für den Erdbeer-Minze-Likör

Holunderbeeren in eine Flasche mit 1,5 Liter Fassungsvermögen. Die Blütenstände werden mit einer Stange Zimt, drei Sternanis und 20g Kardamomkapseln zu den Beeren gegeben. Nach dem Aufgießen mit Schnaps muss dieser Ansatz mindestens vier Wochen reifen, bevor er abfiltriert und gesüßt wird.

Bauchwehschnaps

Für einen Bauchwehschnaps (Foto siehe auf Seite 59) nimmt man 20g getrocknete Blutwurzel, jeweils 10g Kardamomkapseln, Angelikawurzeln und gestoßener Anis. Diese Mischung gibt man in eine 1-Liter-Flasche und übergießt alles mit etwa einem Liter Obstschnaps oder Doppelkorn. Nach 14 Tagen im Hellen ist der Auszug beendet, und der Blutwurzelschnaps kann abgefiltert und getrunken werden.

Muskatellersalbei ist eine Heil- und Würzpflanze.

Erdbeer-Minze-Likör – ein Sommergenuss

100 g halbierte Erdbeeren und drei bis fünf Stängel Minze (Apfelminze schmeckt am besten) in ein ausreichend großes Weithalsglas geben und mit einem Liter Obstschnaps aufgießen. Nach 14 Tagen abseihen und die Flüssigkeit erst jetzt mit vier Esslöffeln Akazienhonig mischen. In eine schöne Karaffe füllen und vier Wochen nachreifen lassen.

Grundrezept für Kräuterwein

Als Basis dient häufig ein trockener Weißwein, der pro Liter mit etwa 100g Kräutern angesetzt wird. Nach acht bis zehn Tagen ist der Kräuterauszug fertig und muss dann sauber abgefiltert werden. Jede Verunreinigung führt zu einem „Kippen" des Weines oder zur Trübung. Der fertig filtrierte und abgefüllte Wein wird kühl und dunkel aufbewahrt und ist aufgrund seines geringeren Alkoholgehaltes auch nur begrenzt, also zirka ein halbes Jahr haltbar. Die Dosierung von Kräuterweinen beträgt ein bis zwei Schnapsgläschen voll pro Tag, die sinnvollerweise vor dem Essen getrunken werden sollten.

Kräuterwein filtriere ich über einen Trichter, in dem ein Mulltuch liegt, ab.

Salbeiwein selbst herstellen

Salbeiwein ist ein Elixier für die heißen Tage im Sommer, wenn das Schwitzen kein Ende mehr nehmen will und auch der Kreislauf leidet. Salbeiwein wird aus einem trockenen Rot- oder Weißwein, Salbeiblüten und Rosmarin hergestellt. Ich mache mir bei der Rezeptur die Heilwirkung des Salbeis zu Nutze. Er wirkt Schweiß reduzierend und kreislaufstärkend. Er stärkt den Kreislauf durch ätherische Öle und Kampfer. Salbeiwein schmeckt am besten als Schorle mit leicht gekühltem Mineralwasser gemischt.

In eine Flasche mit einem halben Liter Inhalt gebe ich fünf Zweige Salbeiblüten und einen Zweig Rosmarin. Das Ganze wird mit Wein aufgegossen und zwei Wochen ins Helle gestellt. Die Fensterbank ist ein idealer Ort. Danach wird der Inhalt gründlich filtriert und in die Flasche zurückgefüllt. Nach Anbruch sollte die Flasche nicht sofort (auch wenn es noch so gut tut), aber innerhalb einer Woche verbraucht werden, da der Wohlgeschmack sonst verloren geht.

Achtung: Salbeiwein darf nicht während Schwangerschaft und Stillzeit genossen werden.

Prickelnder Salbeiwein lässt sich sehr leicht selber herstellen.

Die Kumquat oder auch Zwergorange gelangte erst 1840 nach Europa.

Kräuter in Essig und Öl

Kräuteressig – beliebte Essigkräuter

Grundsätzlich können alle im Garten vorkommenden Kräuter in Essig eingelegt werden. Die Verarbeitung der sommerlich frischen Pflanzen ist jenen im getrockneten Zustand auf jeden Fall vorzuziehen. Kräuteressige können aus einem Kraut oder aus einer Mischung verschiedener Kräuter hergestellt werden. Meine mit Vorliebe verwendeten Essigkräuter sind Weinlauch, Bärlauch, Knoblauchrauke, Schnittlauch, Liebstöckel, Bohnenkraut, Estragon und Ysop, der sich besonders für Aceto balsamico (Feinkostgeschäft) eignet, sowie Thymian, Salbei und Melisse. Sehr delikat schmeckt auch eine Zugabe von Lavendel, Rosenblüten und Kumquats. Wurzelgemüse, wie Pastinaken, Petersilienwurzel oder Sellerie, geben einem Winteressig eine aparte Würze.

Für die Herstellung von Kräuteressig sollte die Basis, also der reine Essig, von bester Qualität sein. Der Geschmack von beiden – Essig und Kräutern – ergänzt sich bzw. verstärkt sich. Der Säuregrad sollte bei mindestens fünf, besser sechs

Verschiedene Blütenessige mit Holunderblüten, Kapuzinerkresse und Ringelblume.

Zuerst breite ich alle Zutaten und Utensilien auf dem Tisch aus. Dann fange ich mit der Zubereitung des Essigs an.

Prozent liegen. So ist eine natürliche Konservierung der Kräuter gewährleistet. Die so resistenten Kräuter können dann im Essig verbleiben, bis die Flasche geleert ist. Sie sind somit nahezu „ewig" haltbar.

Kräuteressig herstellen

Die vorgesehenen Kräuter werden kurz gewaschen, von möglichen Bewohnern befreit und in der Salatschleuder getrocknet. Ein Küchentuch erfüllt diesen Zweck auch, wenn man nicht zu stark drückt. Das Trocknen ist notwendig, da eventuell an den Pflanzen verbleibendes Wasser den Essig verdünnt. Die gegebenenfalls etwas zerkleinerten Kräuter – man nimmt fünf bis acht frische Kräuterstängel auf einen Liter Essig – werden nun in eine ausreichend große Flasche gegeben und

Rotweinessig, Rosmarinessig und Kräuteressig mit Knoblauch (von links nach rechts)

Delikate Kräuteröle verfeinern nicht nur Salate.

diese wird mit Essig aufgefüllt. Die Flasche wird anschließend verschlossen an einen hellen Platz gestellt, täglich auf sich eventuell bildende Gase kontrolliert und nach ein bis zwei Wochen – dann ist der Auszug beendet – entweder abfiltriert oder mitsamt den Kräutern gut verschlossen. Ein auf diese Art und Weise hergestellter Essig, für dessen Basis ich stets guten Weinessig verwende, kann zum Gebrauch in der Küche pur oder verdünnt verarbeitet werden.

Pflanzliche Öle – gut für die Gesundheit

In unserem gesunden Speiseplan fehlt jetzt noch etwas ganz Verpöntes und in seiner Achtung fast auf den Nullpunkt Gesunkenes. Ich meine damit Fette und Öle. Aber auch sie gehören zu den lebenswichtigen Dingen, ob wir das nun wollen oder nicht. Nur durch die Verwendung dieser Nahrungsgruppe ist es möglich, fettlösliche Vitamine (A+E) und mehrfach ungesättigte Fettsäuren, die wir für unseren Zellaufbau benötigen, unserem Organismus zuzuführen.

Bei der Verwendung von Fetthaltigem kommt es auf die Menge an, ob es gesund oder ungesund ist. Wir sollten nun unser Augenmerk auf die pflanzlichen Öle richten. Diese Öle besitzen einen hohen Anteil ungesättigter Fettsäuren mit Ausnahme von Olivenöl und Kokosfett. Das hoch gepriesene Olivenöl hat also auch einen Haken. Dafür sind die pflanzlichen Öle weitgehend cholesterinpurinfrei und daher besonders für die Diät bei Herz-Kreislauferkrankung und Gicht zu empfehlen.

Kräuteröle ansetzen

Öl und Wasser vertragen sich bekanntlich nicht miteinander. Beim Richten eines Kräuteröles sollte man daher nur absolut

Was könnte aus dieser Butter werden?

Ein schönes Kräuterstilleben, aus dem mal eine deftige Knoblauchbutter wird.

trockene Kräuter verwenden. Rosmarin, Lavendel und Thymian haben auch im frischen Zustand einen sehr geringen Wasseranteil in ihren Pflanzenzellen und können daher ungewaschen auch direkt vom Stock ins Öl eingebracht werden. Hier rechnet man drei bis fünf frische Zweige auf einen Liter Öl oder zwei bis vier Esslöffel getrocknete und zerkleinerte Kräuter.

Die Vorgehensweise ist dieselbe wie beim Essig, jedoch mit dem kleinen Unterschied, dass das Öl für den Auszug nicht direkt in der Sonne stehen und sich damit aufheizen sollte. Helligkeit ist allerdings auch hier Voraussetzung für einen guten Extrakt.

Ein Kräuteröl sollte innerhalb von drei bis vier Monaten verbraucht sein. Als Basisöle eignen sich kaltgepresste Oliven- oder Sonnenblumenöle und solche aus Disteln, Soja und Maiskeimen.

Kräuterbutter – für jeden Geschmack

Je ein Teelöffel von kleingehackten oder pürierten Kräutern, wie beispielsweise Pimpinelle, wilder Schnittlauch, Petersilie, Basilikum, Kresse, Feldsalat, Kerbel, ein Hauch Korianderpulver, drei Lavendelblätter und zwei zerdrückte Knoblauchzehen werden mit 250 g weicher Butter und zwei Spritzern Zitronensaft mit einer Gabel vermischt, bis die Butter gleichmäßig aussieht. Danach gibt man die Masse in eine Keramikschüssel und lässt sie im Kühlschrank zirka eine Stunde fest werden. Mit einem Esslöffel kleine Portionen abstechen und auf Eiswürfeln servieren. Kräuterbutter kann auch eingefroren werden.

Pikantes Kräuteröl mit buntem Pfeffer

Je einen Teelöffel getrocknetes Kraut von Thymian, Rosmarin, Oregano, Bohnenkraut und Senfsaat sowie bunten Pfeffer und eine Chilischote in eine Flasche mit einem halben Liter Fassungsvermögen füllen und mit kalt gepresstem Sonnenblumenöl oder Olivenöl auffüllen. Zehn Tage im Hellen stehen lassen, dabei ein-

mal täglich gut aufschütteln. Danach können die Kräuter abgeseiht werden – oder aber, weil es sich um getrocknete Pflanzen handelt, in der Flasche verbleiben. Die Haltbarkeit beträgt etwa $^1/_4$ Jahr. Das Öl ist für Pizza und Grillgerichte geeignet.

Würziges Kräuteröl mit rotem Pfeffer

Einen Esslöffel roten Pfeffer, leicht angestoßen, drei Esslöffel kleingeschnittenen, frischen, aber trockenen Bärlauch (alternativ eine Knoblauchzehe, leicht geröstet, und zwei Esslöffel frische Schnittlauchröllchen), zwei Zweige frischen französischen Estragon (nicht waschen!) und einen Esslöffel frische, kleingeschnittene Basilikumblätter in eine Flasche geben und mit $^1/_4$ Liter Olivenöl auffüllen. Wichtig: Alle Kräuter müssen vom Öl bedeckt sein! Zehn Tage im Hellen stehen lassen und einmal täglich den Deckel kurz öffnen, damit eventuell gebildete Bläschen entweichen können. Nach den zehn Tagen sauber abfiltrieren und dunkel lagern. Dieses Würzöl ist für alle Salate geeignet, die Haltbarkeit beträgt etwa $^1/_2$ Jahr.

So einfach ist das Verkorken mit Bast oder einer anderen Schnur.

Farbig und feurig – leckeres Kräuteröl mit buntem Pfeffer und Chilischoten

Schönheitstipps der Kräuterhexe

Duftiges aus Kräutern

Die Wahrnehmung geht durch die Nase

Der Geruchssinn ist der empfindlichste, den wir besitzen, und er steuert unser Verhalten täglich, ohne dass wir es bewusst wahrnehmen. Unangenehme Gerüche werden meistens sehr direkt empfunden, und man wird versuchen, sich dieser Beleidigung der Nase zu entziehen. Völlig anders verhält es sich jedoch bei der Wahrnehmung angenehmer Düfte. Wir fühlen uns im wahrsten Sinne des Wortes „angezogen“.

Unsere Nase ist direkt mit einer so genannten „Schaltzentrale“ im Gehirn, dem Limbischen System, verbunden. Dieses steuert unser vegetatives Nervensystem und unsere seelischen Regungen. Was liegt also näher, als sich diese Tatsache für die Unterstützung unserer Gesundheit zu Nutze zu machen. Dies geschieht mit Hilfe der Duftstoffe der Pflanzen.

Schön duftende Potpourris

Potpourris sind Duftmischungen aus verschiedenen Pflanzenteilen mit einem hohen Gehalt an ätherischen Ölen. Solche Duftmischungen herzustellen, gehört zur Arbeit der Kräuterhexe. Zitronenfrisch, männlich herb, blumig süß, lavendelfrisch, rosig, würzig oder weihnachtlich sind nicht nur die Duftmischungen in der Parfümindustrie, sondern auch die Geschmacksanforderungen an die Produkte der Kräuterhexe.

Duftige Lavendelsäckchen sorgen im Kleiderschrank zwischen die Wäsche gelegt dafür, dass sich die Motten fernhalten.

Meine „blaue Mischung“ beispielsweise besteht aus Lavendel, blauer Malve, Kornblumenblüten, römischer Kamille, Zitronengras und Verbene. Die „rosa liebliche“ Mischung aus Rosen-, Hibiskus-, Jasmin-, Orangen-, Veilchen-, Lindenblüten und Zitronengras ist ein gern genommenes Potpourri. Eine „Zitronenmischung“ besteht aus Ringelblumenblüten, Zitronenschalen, Zitronengras, Verbene, Orangen- und Königskerzenblüten sowie einigen Gewürznelken. Allen Pflanzenpotpourris gibt man ein bis zwei Esslöffel gemahlene Veilchenwurzel (aus der Apotheke) als „Duftfixier“ dazu.

Mein Lieblingspotpourri aus Rosen- und Ringelblumenblüten

Arbeitsutensilien zur Potpourriherstellung

Bei der Herstellung von Potpourris oder Gewürzmischungen mit ätherischen Ölen muss unbedingt darauf geachtet werden, dass die Arbeitsutensilien, wie Schüssel, Schaufel und Aufbewahrungsgefäße, aus geruchsneutralen Materialien, wie zum Beispiel Edelstahl, Keramik oder Steingut, bestehen. Für ätherische Öle sollten jeweils separate und gekennzeichnete Pipetten benutzt werden.

Kräuterbäder – gut für das Wohlbefinden

Eine sehr wohltuende, wenn auch vielfach aus der Mode gekommene Zubereitung aus Kräutern ist das altbewährte Kräuterbad.
Es gibt für mich nichts Schöneres, als mich nach einem anstrengenden Tag am Abend in mein Badezimmer zurückzuziehen und bei einem wohlig warmen, duftenden Kräuterbad und einer interessanten Lektüre die Anspannungen des Tages zu vergessen und abzubauen. Entspannung, seelisches Wohlbefinden und eine Weile Zeit für sich selbst sind die Faktoren, die ein Kräuterbad neben der Körperpflege so wertvoll machen.

Die Kräuter binde ich zuerst zu einem Sträußchen zusammen oder fülle sie direkt in ein Säckchen aus Gaze oder Batist. Dieses Säckchen hänge ich dann unter den einlaufenden Wasserstrahl – auf diese Weise gelangen die Wirkstoffe ins Badewasser.

Klassische Kräuterbäder nach Kräuterhexenart

Diese werden mit getrockneten Kräutern, wie Lindenblüten, Rosmarin, Lavendel, Thymian und Quendel, angereichert. 50 bis 100 g Kräuter oder Kräutermischung werden in einem Liter Wasser fünf bis zehn Minuten aufgekocht. Die Flüssigkeit seiht man anschließend durch einen Filter dem Badewasser zu.

Aus ätherischem und einem Basisöl, wie Jojoba-, Avocado-, Weizenkeim-, Mandel- oder Olivenöl, kann ein Ölbad hergestellt werden. Zehn bis fünfzehn Tropfen ätherisches Öl werden mit einem halben Liter Basisöl vermischt und esslöffelweise dem Badewasser zugesetzt. Dasselbe ist auch mit Milch oder Sahne möglich. Für ein Schaumbad gibt man dann noch einige Spritzer Neutralseife dazu oder aber Seifenflocken aus geriebener Olivenölseife.

Ein ganz besonderer Genuss ist ein Bad aus einem Auszug von Rosenblütenknospen mit zwei Tropfen echtem ätherischen Rosenöl, vermischt mit zwei Esslöffeln süßer Sahne.

Badezusätze mit ätherischen Ölen

Noch ein wichtiger Hinweis: Wenn Sie einen Badezusatz mit ätherischem Öl bevorzugen, muss dieses immer mit einer fetten Basisflüssigkeit, beispielsweise Milch oder Sahne, vermengt werden, denn ätherische Öle sind nicht wasserlöslich und schwimmen ansonsten konzentriert auf der Wasseroberfläche. Dies kann

bei Berührung zu erheblichen Haut- und Schleimhautschädigungen führen. Verwenden Sie außerdem nur hochwertige ätherische Öle und keine synthetischen.

Heilkräftiges Heublumenbad

Ein Waschhandschuh wird mit 100 g Heublumen gefüllt und fest zugebunden. An dieses Säckchen bringt man eine größere Schlaufe aus Schnur an. Mit ihr wird das Heublumensäckchen in das einlaufende Badewasser gehängt, so dass der Wasserstrahl durch die Kräutermischung fließt und die Kräuter dadurch auszieht. Ein Heublumenbad ist bei Stoffwechselstörungen, körperlicher Abgespanntheit und nach einem Spaziergang durch die kalte Winterluft zu empfehlen. Heublumensäckchen können auch, im trockenen Zustand erhitzt, zur Wärmetherapie bei Neuralgien und Entzündungen verwendet werden. Achtung: Dieser Badezusatz aus Heublumen ist nicht für Menschen mit Heuschnupfen geeignet.

Lavendelbad – herrlich entspannend

50 g Lavendelblüten mit einem Liter kochendem Wasser überbrühen und zehn Minuten ziehen lassen, danach abseihen und diesen Auszug mit Sahne (Menge eines Likörglases) sowie 10 bis 15 Tropfen Melissenöl vermischen und dem Badewasser zusetzen.

Fußbad – so bekommt man warme Füße

Hier noch ein Tipp für alle Menschen mit kalten Füßen aufgrund von Durchblutungsstörungen: Probieren Sie einmal die durchblutungsfördernde Wirkung eines Fußbades mit zwei Esslöffeln Meersalz und 10 bis 15 Tropfen Rosmarinöl, in zwei Esslöffeln Milch verrührt.

Ein Fußbad ist nach einem langen Tag auf den Beinen wohltuend und wärmend.

Bevor ich mit der Zubereitung der Ringelblumencreme beginne, stelle ich alle Utensilien zusammen. Dann schmelze ich die Zutaten – wie im Text beschrieben – und rühre das Rosenwasser in das flüssige Fett-Wachs-Gemisch.

Salben und Cremes selber mischen

Ein guter Grund, Salben und Cremes selber herzustellen

Die Zahl derjenigen Menschen, die auf bestimmte Inhaltsstoffe in Cremes und Salben allergisch reagieren, nimmt ständig zu. Für experimentierfreudige und gesundheitsorientierte Hausfrauen und Mütter, aber auch für pickelgeplagte Teenies und Singles liegt daher der Gedanke nahe, solche Heil- und Pflegeprodukte selbst herzustellen und damit sicher zu gehen, dass jegliche Art Parfüm, Farb- und Konservierungsstoffe ausgesperrt werden.

Das Mischen von Wasser und Fett – Aufhebung eines Widerspruches

Wasser und Fett lassen sich nicht mischen – dies ist ein physikalisches Dogma, welches grundsätzlich richtig ist. Aber wer chemisch etwas bewandert ist, weiß, dass so genannte Emulgatoren diese Verbindung trotzdem zulassen. Solche natürlichen Emulgatoren findet man in der chemischen Zusammensetzung des Wollfettes, welches übrigens tatsächlich aus dem Waschwasser der Schafwolle gewonnen wird. Diese Emulgatoren machen es möglich, zum Beispiel Rosenwasser in eine Fettgrundlage einzuarbeiten (siehe „Ringelblumencreme nach Hexenart“ auf der nebenstehenden Seite). Das ist handwerklich und bedeutet Energie aus meinem Arm – ich muss also kräftig rühren, damit sich Fett und Wasser verbinden.

Ringelblumencreme nach Hexenart

An Zutaten benötige ich: 16 g Bienenwachsrotuli, 75 g wasserfreies Wollfett, 120 g Rosenwasser, 150 g Ringelblumenöl und zwei Tropfen Duftgeranienöl. Das Endprodukt ist eine sogenannte Emulsion auf Fett-Wasser-Basis mit dem Vorteil, dass sie im Gegensatz zu einer reinen Fettcreme auch die tiefliegenden Hautschichten mit ihrer Heilwirkung erreichen kann. Wer diese Creme anwendet, glänzt auch nicht wie eine „Speckschwarte“, da eine Emulsion ganz in die Haut eindringt.

In meiner Salbenschale schmelze ich über einem Wasserbad zunächst das Bienenwachs und Wollfett. Wenn alle Bestandteile zu einer goldgelben und transparenten Flüssigkeit geschmolzen sind, lasse ich das Ganze etwas abkühlen, ohne dass das Wachs allerdings wieder fest zu

Ringelblumencreme nach Kräuterhexenart – probieren Sie die Herstellung einmal selbst.

werden droht. In dieser Zeit erwärme ich das Ringelblumenöl leicht und rühre es dann unter das flüssige Fett-Wachs-Gemisch, bis es sich gleichmäßig darin verteilt hat. Das Rosenwasser wird tropfenweise mittels Rühren in die Fettgrundlage eingearbeitet.

Ganz zum Schluss gebe ich zu dieser bereits durch das Rosenwasser duftenden Creme die zwei Tropfen Duftgeranienöl zu, um die ganze Spezialität abzurunden. Manchmal nehme ich statt Geranienöl auch Ingweröl. Diese Creme eignet sich vorzüglich für die Behandlung extrem trockener und aufspringender Haut.

Aus Pfirsich, Quark und Honig lässt sich eine „leckere" Maske herstellen.

Pfirsiche verhelfen zu samtiger Haut.

Hautberuhigende Maske

Ich benötige einen reifen Pfirsich, zwei Esslöffel Quark, einen Teelöffel flüssigen Honig. Das Fruchtfleisch des Pfirsichs zerdrücken, Quark und Honig dazugeben und alles gut vermischen. Diese Maske kann auf Gesicht, Hals und Dekolleté aufgetragen werden. Nach 15 Minuten abwischen und mit klarem Wasser abspülen. Die Maske ist feuchtigkeitsspendend und bei Sonnenbrand geeignet.

Mandelölcreme für trockene Haut

Folgende Zutaten werden benötigt: 5 g Bienenwachs, 15 g wasserfreies Wollwachs, 40 g Mandelöl, 40 g Rosenwasser, 1/2 Teelöffel flüssiger Honig, zwei Tropfen ätherisches Geranienöl.

Bienen- und Wollwachs im Wasserbad schmelzen, das erwärmte Mandelöl nach und nach darunterrühren. Das lauwarme Rosenwasser tropfenweise einrühren, bis die gesamte Flüssigkeit gebunden ist. Zum Schluss den Honig und das ätherische Öl gut einrühren. In eine saubere, gut schließende Salbendose abfüllen.

Zart duftende Rosenölcreme

Ich benötige 10 g fettes Wildrosenöl, 50 g Wollwachsalkoholsalbe, 40 g Rosenwasser, zwei Tropfen ätherisches Rosenöl.
Das fette Wildrosenöl mit der Wollwachsalkoholsalbe verrühren, bis eine homogene Masse entstanden ist. Das Rosenwasser bei Zimmertemperatur tropfenweise zufügen und weiterrühren, bis die gesamte Flüssigkeit emulgiert ist. Zum Schluss die zwei Tropfen Rosenöl einrühren. In eine saubere, gut schließende Salbendose füllen und bei Zimmertemperatur lagern.

Aus Rosenblüten, zum Beispiel denen der Essigrose, wird ein betörendes Öl gewonnen.

Meine Rosenölcreme – mit vier Tropfen Rote-Bete-Saft gefärbt

Erfrischend und anregend ist ein Spaziergang nach einem Gewitter.

Die Schönheit der Haut

Gesunde Haut kommt von innen

Unsere Haut und deren Aussehen ist ebenfalls ein Beweis für die Schönheit von innen. Manchmal wird dieses Organ, es ist übrigens das größte, das wir haben, als Spiegel der Seele bezeichnet. Das ist durchaus richtig. Nur wer ein stabiles Gleichgewicht zwischen Körper und Seele, Innenwelt und Außenwelt, Gefühl und Verstand besitzt, ist gesund. In der heutigen „Ellenbogengesellschaft" ist dies nur noch unter erschwerten Bedingungen

Mit der richtigen Kleidung macht mir auch ein Regenschauer nichts aus.

„Spieglein, Spieglein an der Wand ...“

möglich. Die steigende Anzahl der Hauterkrankungen und Allergien spricht eine deutliche Sprache. Menschliche Nähe und Wärme zu finden, Vertrauen zu sich selbst und ein gesundes Selbstwertgefühl zu entwickeln, wird immer schwieriger in einer Welt, in der nur noch Verstand, Erfolg, Rücksichtslosigkeit und Egoismus zählen. Manchmal wünsche ich mir, ich könnte für die vielen Hilfesuchenden, die sich an die Kräuterhexe wenden, mit einem einfachen „Hex, Hex!“ eine neue Welt zaubern. Aber neben einem Hauttee bleibt meist nur die Möglichkeit der Seelsorge, die ich anbieten kann. Die Möglichkeit einer Heilung liegt nur in dem Betroffenen selbst verborgen. Manchmal hilft es schon, ein Wochenende lang auszuschlafen oder ein Urlaub. Frische Luft um die Nase und in den Lungen ist bei vielen Menschen heutzutage häufig Mangelware. Die Feuchtigkeit der Luft eines Waldspazierganges könnte bei einem chronischen Stubenhocker fast wie ein Wunder wirken. Von der durchaus als sinnvoll zu bezeichnenden Bewegung einmal ganz abgesehen.

Make-up und Schönheitsoperationen als heimliche Helfer?

Es gibt eine große Anzahl Menschen, die nicht den Mut haben, in den Spiegel der Seele zu schauen. Sie greifen zu Tiegeln und Töpfchen, zu Lidschatten und Wimperntusche, zu Lippenstift und Flüssig-Make-up, um sich selbst zu verleugnen. Ich meine nicht die heranwachsenden Teenager mit ihren Problemen bei der Identitätsfindung. Ich meine auch nicht diejenigen, die die Kunst des Make-ups so beherrschen, dass man es schon gar nicht mehr sieht. Das dient dann nur der eigenen Zufriedenheit, und es ist ein Ausdruck des Selbstbewusstseins.
Ich meine die echten Fassadenmaler, bei denen nichts mehr von dem zu erkennen ist, was sich darunter verbirgt. In der Faschingszeit ist das ja ganz lustig, aber wehe, es ist das ganze Jahr Karneval im Gesicht. Das hat mit Schönheit dann nichts mehr zu tun. Im Gegenteil, die Haut „wehrt sich ihrer Haut“ in Form von Falten, Pickeln und Ausschlägen. Das sind aber nur die äußerlichen Folgen einer solchen Selbstverneinung. Den inneren Menschen, so wie er einmal geboren wurde, gibt es wahrscheinlich gar nicht

Heimliche Helfer auf einen Blick

mehr. Er hat sich verloren. In diesem Fall wäre eine psychologische „Schönheitskur“ mehr als dringend angebracht.
Lassen Sie sich von der Werbung mit ihren Schönheitsidealen nicht blenden, schalten Sie Ihren gesunden Menschenverstand ein und denken Sie nach, wie Sie Ihre innere Harmonie behalten oder wieder erlernen. Die Kosmetik von innen ist billiger und dauerhafter, als jede Creme oder gar eine Schönheitsoperation.

Essen Sie sich schön

Gestalten Sie Ihren Speiseplan unter dem Aspekt „lecker und gesund“. Manche Nahrungsbestandteile können Sie für Ihre Schönheit innerlich und äußerlich anwenden, wie zum Beispiel Honig, Eier, Joghurt, Gurken, Aprikosen, Sahne, Erdbeeren, Oliven- und Avocadoöl. Achten Sie bei Ihrem Einkauf auf solche „Doppelrollen“, Verzehr jedoch nur mit Maß und Ziel!
Und wer verzichtet schon freiwillig auf knackiges Obst und Gemüse. Sie sind fettarm aber ballaststoffreich und voller lebenswichtiger Vitamine und Mineralstoffe.

Honig sollte in keinem Haushalt fehlen.

Viel Bewegung aber Sonne in Maßen

Frische Luft und Bewegung ist nicht nur für Ihre Gesundheit wichtig, sondern auch für Ihre Schönheit.

Gönnen Sie sich im Winter eine „vornehme Blässe“! Das ist für Sie und Ihre Haut gesünder. Durch künstliche Bräune altern Sie schneller. Vor allem im Sommer sind ungeschützte Sonnenbäder Gift für Ihre Haut und Gesundheit.

Entspannung tut gut

In Stress-Situationen kann ein wohliges Kräuterbad wunderbar entspannen, und Sie sehen die Welt dann wieder mit einem freundlicheren Gesicht an.
Doch Vorsicht: Alkohol und Rauchwaren – für manchen ein Stressbremser – sind genau das Gegenteil eines Schönheitsmittels.

Innere Ausgeglichenheit ist wichtig

Wenn Sie unter Ihrem Beruf oder Ihrer Lebenssituation leiden – egal warum auch immer –, arbeiten Sie daran, diesen Zustand zu ändern, auch wenn es schwer fällt und sogar die Änderungen der gesamten Lebenslage bedeutet. Wenn dies nicht möglich ist, pflegen Sie ein Hobby, in welchem Sie Anerkennung von anderen Menschen erhalten. Nur dadurch wird es Ihnen möglich sein, das Selbstvertrauen und die Sicherheit zu entwickeln, die Ihnen Schönheit von innen in Form einer positiven Ausstrahlung schenken. Wenn Sie sich selbst „befreit" haben, werden Sie die positiven Reaktionen Ihrer Umwelt als beglückend empfinden – und das macht zusätzlich schön.

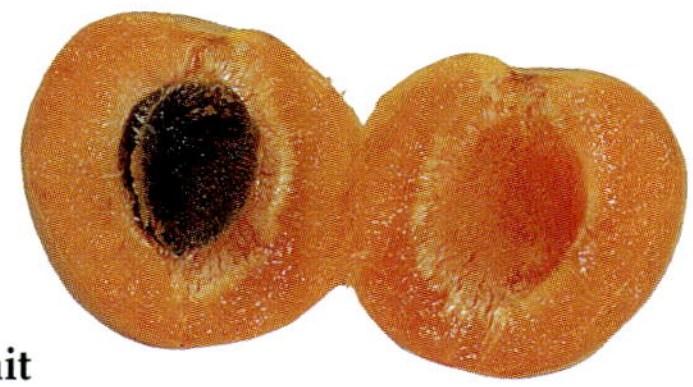

Knackig ist so ein Wintersalat nach Kräuterhexenart mit Orangen, Mandeln, Zwiebeln und unterschiedlichen Salatblättern.

MINZE

Heilen mit Kräutern und Heilsteinen

Die wichtigsten Behandlungsmethoden in Kürze

Warum wir krank werden

Alle Körperfunktionen werden durch so genannte Regelkreise innerhalb unseres Organismus gesteuert. Nur wenn diese ungestört arbeiten, fühlen wir uns gesund. Wie jedes System, das von vielen funktionierenden Teilbereichen abhängig ist, ist auch hier die Störungsanfälligkeit sehr hoch. Wenn nun auf Grund einer inneren oder äußeren Störung ein Element ausfällt oder nur mangelhaft arbeitet, bricht das ganze System zusammen. Wir werden krank. Heute geht die Auffassung sogar so weit, dass selbst ein plötzlicher und früher Tod, unter diesem Aspekt gesehen, kein Zufall ist. Der Organismus hat auf Grund der Störungen im System im Unterbewusstsein auf Selbstvernichtung geschaltet.

Wechselbeziehungen zwischen Geist und Seele

Seelisch-geistige Erlebnisse und körperliche Abläufe spielen zusammen. Der Einfluss unseres „Innenlebens" wird bei der Erforschung von Krankheitsursachen oft nicht gebührend berücksichtigt. An genau diesem Punkt setzt die so genannte Psychosomatik an. In der Psychosomatik geht es um die Wechselbeziehungen zwischen Psyche = Geist / Seele und Soma = Körper, die in diesem Fall nicht getrennt, sondern als Ganzes angesehen werden. Dies setzt allerdings eine größere Zuwendung zu dem Patienten voraus, was wiederum schon den ersten Schritt zur Genesung bedeutet.

Man muss sich mit einer Krankheit bewusst auseinandersetzen, um dann letztendlich sogar einen tieferen Sinn zu erkennen. Jede Krankheit hat uns etwas zu sagen. Selbst eine banale Erkältung bedeutet, dass wir unserem Körper zu viel zugemutet haben.

Von altbekannter Schulmedizin und Naturmedizin

Die Schulmedizin hat nichts mit einer Schule im alltäglichen Sinn zu tun. Es ist schlicht und einfach die Art der Behandlung, wie wir sie bei jedem niedergelassenen Arzt normalerweise erhalten. Und wann gehen wir zum Arzt? Dann, wenn wir akut erkrankt sind. Daher finde ich den neueren Begriff der „Akutmedizin" wesentlich zutreffender.

Ein Akutmediziner wird zunächst die Diagnose der Erkrankung feststellen und versuchen, die von einem Patienten als am schlimmsten empfundenen Symptome, wie zum Beispiel Schmerzen, auszuschalten. Dies wird in erster Linie mit Hilfe von stark wirkenden Medikamenten der Fall sein. Falls ein operativer Eingriff notwendig ist, so wird dieser in die Wege geleitet. Die Behandlung mit Medikamenten der Akutmedizin kann jedoch mit erheblichen negativen Nebenwirkungen verbunden sein, was den einen oder anderen Patienten veranlasst, und manche Ärzte ebenfalls, es mit den Mitteln der Naturmedizin zu versuchen. Diese Art der Therapie ist in vielen Fällen zwar schonender, es dauert aber länger, bis die Heilwirkung eintritt.

Aromatherapie – Einsatz ätherischer Öle

Obwohl auch die Aromatherapie meinen Bereich tangiert, ist sie eine eigenständige Methode und sollte daher nur von einem Fachmann (-frau) durchgeführt werden. Ziel und Inhalt dieser Therapieform ist der Einsatz von ätherischen Ölen. Durch das Einatmen bestimmter Düfte werden unbewusste Steuermechanismen beeinflusst. Auf diese Art und Weise ist es möglich, ein aus dem Gleichgewicht geratenes Inneres, das zu einer Erkrankung geführt hat, durch den „Geist der Pflanzen", wie die ätherischen Öle auch genannt werden, die Selbstheilkräfte zu aktivieren.

Mit Hilfe der Aromatherapie soll der Geruchssinn sensibilisiert werden, um die uns umgebenden Gerüche wieder bewusst wahrnehmen zu können. Viele von uns haben im wahrsten Sinne des Wortes die „Nase voll" von Ruß, Schwefel, Stickoxiden, Pestiziden, Fungiziden, Ammoniak und von Menschen, die wir nicht riechen können. Entzündungen der Atemwege, Erkältungen, Allergien und psychosomatische Störungen sind die Folgen einer solchen Beleidigung unseres Riechorgans. Hier kann die Aromatherapie eine wertvolle Hilfe sein.

Ätherische Öle werden immer beliebter.

Homöopathie – neue Lebenskraft schöpfen

Eine Krankheit im homöopathischen Sinn wird nicht primär durch Krankheitserreger verursacht, sondern durch eine Störung auf dynamischer Ebene. Die Lebenskraft ist beeinträchtigt, und die Symptome sind die Signale dieser Störung. Mit homöopathischen Mitteln soll daher eine Umstimmung der Lebenskraft erreicht werden, das heißt, diese wird wieder verstärkt aktiviert. Dass dabei die Sig-

Die erste homöopathische Reiseapotheke des Samuel Hahnemann

nale des Körpers, der Psyche und des Geistes mit einbezogen werden, ist logisch, aber es war lange nicht selbstverständlich.

Die klassische Homöopathie berücksichtigt demnach den einzelnen Menschen an sich, seine speziellen körperlichen Gegebenheiten, seine Wesensart, seine Lebensenergie und seine Denkweise. Eine Therapie umfasst daher die gesamte Lebensweise des Patienten.

Diese individuelle Behandlungsmethode setzt eine intensive Befragung des Patienten voraus. Sie umfasst bis zu hundert Einzelfragen mit dem Ergebnis, dass sich der Kranke selbst näher „kennen lernt“ und die Zeichen seines Körpers genau beobachtet. Es ist oft bereits der erste Schritt der Heilung. Erst nach dieser Sitzung, die übrigens länger geht als fünfzehn Minuten, begibt sich der homöopathische Arzt auf die Suche nach einem geeigneten Mittel, das genau zu den Symptomen des Patienten passt. Auch das braucht seine Zeit.

Heilpflanzen bei Alltagsbeschwerden und chronischen Erkrankungen

Heilpflanzen sind hochwirksame Medikamente, und es ist ein weit verbreiteter Irrtum, natürliche Heilmittel wären harmlos und könnten ohne Bedenken eingesetzt werden. Wenn dem so wäre, könnten sie auch nicht heilen. Der Umgang mit Heilkräutern ist demnach nicht mit drei Büchern und in sechs Wochen zu erlernen. Meine eigene Kräuterhexenerfahrung habe ich mir über den Zeitraum eines Vierteljahrhunderts angeeignet, und ich habe nicht den Eindruck, dass ich schon alles weiß. Der Einsatz von Heilkräutern ist immer dann sinnvoll, wenn es sich um so genannte Alltagsbeschwerden, wie zum Beispiel Husten, Schnupfen, Heiserkeit, Verdauungs- und Schlafprobleme, Blasen-, Nieren- oder Regelbeschwerden, handelt oder einfach die Entwässerung und der Stoffwechsel unterstützt werden sollen. Die Behandlung mit Heilkräuterzubereitungen bei chronischen Erkrankungen hat sich ebenfalls als nützlich erwiesen. Ich spreche von Heilkräuterzubereitung deswegen, weil es neben dem Tee, der Teemischung und dem Bad auch die Anwendung in Form des Inhalates, der Einreibung, der Tropfen, Dragees, Säfte, des Arzneiweins und nicht zuletzt die des heilsamen Hexentrankes auf alkoholischer Basis gibt.

Die wichtigsten Wirkstoffe der Heilpflanzen sind Bitterstoffe, ätherische Öle (diese werden auch als die Seele der Pflanze bezeichnet), Glykoside, Gerbstoffe, Flavonoide, Kieselsäure, Saponine, Schleimstoffe, Mineralien, Spurenelemente und Vitamine.

Unter diesen Umständen unbedingt den Arzt aufsuchen!

Um nicht ernsthafte Schäden davonzutragen, muss man die Grenzen der Therapie mit Heilkräutern kennen. Dies ist dann der Fall, wenn während einer Selbstbehandlung Magenschmerzen, Übelkeit und Erbrechen, Durchfall, allergische Hautreaktionen oder Atemnot auftreten, wenn die Beschwerden nach drei Tagen nicht merklich zurückgegangen sind oder sich gar verschlimmert haben. Bei einer akuten Erkrankung mit hohem Fieber und / oder starken Schmerzen geht auch eine Kräuterhexe schleunigst zum Arzt.

Ich muss ausdrücklich davor warnen, im Fall einer ernsthaften Erkrankung – und sei sie noch so Angst einflößend – eine Therapie ausschließlich mit der Hilfe von Kräutern zu versuchen. Sie können im Höchstfall als Ergänzung zu einer ärztlichen Behandlung hilfreich sein. Hüten Sie sich auch vor so genannten segensreichen Erfolgsberichten, es ist ein Fanatismus in die falsche Richtung.

Heilen mit Edelsteinen

Die Heilsteintherapie arbeitet unter dem Gesichtspunkt, dass Krankheit das Ergeb-

Salbei im Garten ist nicht nur eine blaublütige Zierde!

An einer Kordel hat man seinen Heilstein – hier einen Rubin – immer dabei.

Malachit ist ein faszinierender „Frauenstein".

nis einer Störung der inneren Harmonie und der damit verbundenen Schwingungsdissonanz ist.
Steine „wirken" aufgrund ihrer Entstehung, ihrer Kristallstruktur, der enthaltenen Mineralstoffe und ihrer Farbe. Durch den wissenschaftlichen Ansatz der analytischen Steinheilkunde ist es möglich, für jeden Menschen den richtigen Heilstein zu ermitteln, egal in welcher Situation er sich befindet und ob er daran glaubt oder nicht.
Machen Sie selbst einen Versuch, indem Sie aus einer ganzen Steinsammlung in einem Geschäft oder bei einer Mineralienausstellung spontan nach einem Stein greifen, der Ihnen gerade besonders gut gefällt. Wenn Sie nun ein Steinheilkundebuch hinzuziehen und die Indikation eben dieses Steines nachlesen, werden auch Sie von der Wirkung der Heilsteine überzeugt sein.

Die Wirkung der einzelnen Mineralfarben

Klare und weiße Mineralien: Diese Steine nehmen keine Farbe an, sondern reflektieren eine andere und verhalten sich im übertragenen Sinn neutral. Klare und weiße Mineralien wirken als Verstärker in der Kombination mit Farbsteinen. Sie fördern Klarheit, Reinheit, Neutralität und Selbsterkenntnis. Die körperlichen Anwendungsgebiete sind Kälteempfinden, Schwäche und Gefühllosigkeit. Die wohl bekanntesten Vertreter dieser Gattung sind der Bergkristall und der Diamant.
Schwarze Mineralien: Schwarze Steine wie Onyx, Obsidian, Tektit oder schwarzer Turmalin sind auf Grund ihrer Absorptionswirkung dazu geeignet, Energieüberschüsse abzuziehen. Schwarze Mineralien sind immer dann angesagt, wenn Schmerzen durch Entspannung reduziert werden können. Bei jedem Zahnarztbesuch befindet sich stets irgendetwas „Schwarzes" in meiner Kräuterhexenhand.
Rote Mineralien: Rot wirkt anregend, erhitzend, blut- und kreislaufstimulierend und beschleunigend. Liebe und Hass werden oft mit dieser Farbe symbolisiert. Rosa ist durch den Weißanteil etwas friedlicher, macht dafür aber auch empfindsamer. Rote Mineralien sind daher besonders für behäbige und schwerfällige Menschen geeignet, um ihnen etwas „Pfeffer" zu verabreichen, um sie impulsiver und extrovertierter zu machen. Ein solcher „Kick" kann durchaus eine Gewichtsreduzierung bei Übergewicht oder eine besondere Auswirkung im sexuellen Bereich mit sich bringen (Rubin).

Eine Bernsteinkette schenkt Glück.

Orangenfarbene Mineralien: Orange wird als belebend, vitalisierend und den Kreislauf anregend beschrieben. Mineralien in dieser Farbe helfen bei Apathie, Depression und Disharmonie. Sie stimmen heiter und fröhlich und sind daher auch für chronische Pessimisten als Heilsteine zu empfehlen.

Gelbe Mineralien: Gelbe oder goldene Mineralien, wie zum Beispiel Bernstein, schenken Glück, Sorglosigkeit, Tatkraft, wirken aufmunternd und lebensbejahend. Die Versorgung des Körpers mit Energie wird verbessert und das Immunsystem in seiner Funktion unterstützt.

Grüne Mineralien: Zur Stimulierung von Leber und Galle sind grüne Mineralien geeignet. Sie fördern auf diese Art die Entgiftung und Regenerationskraft des Körpers. Grün fördert einen gesunden Optimismus und ist daher die Farbe der Hoffnung: Emotionen wie Wut und Zorn können jedoch intensiviert werden. Das berühmte „reinigende Gewitter" führt jedoch langfristig gesehen zu innerem Frieden.

Blaue Mineralien: Ich bin immer wieder erstaunt darüber, wie viele Menschen sich für blaue Mineralien begeistern können. Wenn ich mir jedoch die Heilwirkung dieser Mineraliengruppe vor Augen führe, wird mir klar, dass mit dieser Farbe der Zeitgeist verdeutlicht wird. Blaue Mineralien wirken kühlend, beruhigend und entspannend. Sie helfen Angst zu überwinden und Mut zu fassen, außerdem helfen sie bei der Wahrheitssuche und dabei, das innere Gleichgewicht zu finden.

Violette Mineralien: Auch violette Mineralien sind heutzutage sehr zu empfehlen, obwohl diese Farbe auch eine negative Besetzung hat, wie zum Beispiel „letzter Versuch" oder als Kirchenfarbe in der Karwoche. Violett wirkt reinigend und befreiend, fördert die Tätigkeit des Gehirns (Na, wer sagt es denn!) und die der sensiblen und motorischen Nerven. Violette Heilsteine bringen Erleichterung bei Trauer, fördern die Erinnerung sowie das Verständnis für die Probleme anderer.

Bunte Steine: Für schillernde Persönlichkeiten bieten sich auch bunte und farbig schillernde Mineralien an. Sie bringen Lebensfreude, Lust und Vergnügen oder bieten Erholung durch angenehme Zerstreuung. Tragen Sie Opale, Regenbogenobsidiane oder Labradorit und Sie fühlen sich wie im Urlaub.

Aus meiner eigenen Erfahrung greift jeder Mensch spontan genau zu dem Stein, den er oder sie gerade dringend benötigt.

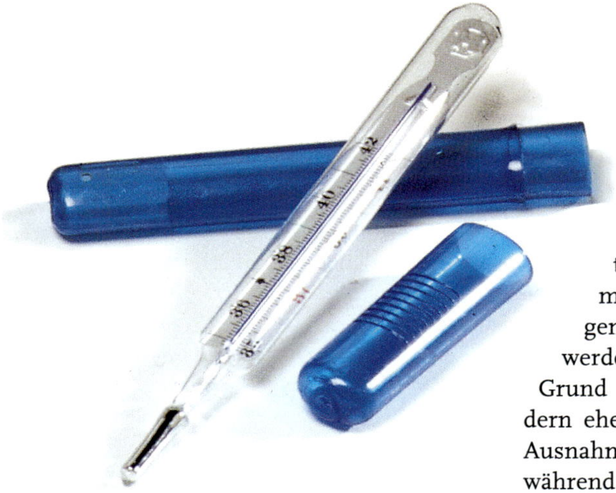

Bei einem grippalen Infekt liegt die Körpertemperatur bei etwa 38,5 Grad Celsius.

Husten – Schnupfen – Heiserkeit

Grippale Infekte

Wir haben es mit einem klassischen grippalen Infekt zu tun, wenn das auftretende Fieber sich langsam entwickelt und die Körpertemperatur bei etwa 38,5 Grad Celsius liegt. An eine echte Virusgrippe muss man dann denken, wenn das Fieber mit hohen Temperaturen rasch ansteigt und Kopf- und Gliederschmerzen, verbunden mit trockenem Husten, auftreten. Dann ist auf jeden Fall der Arzt hinzuzuziehen, damit weitere Komplikationen wie Herz-Kreislaufprobleme oder eine Lungenentzündung erst gar nicht entstehen können, denn diese bedeuten dann häufig einen Aufenthalt im Krankenhaus.

Keine Schwitzkur während einer Virusgrippe

Noch ein Wort zum Fieber. Fieber ist eine natürliche Reaktion unseres Körpers und Immunsystems, um mit eingedrungenen Krankheitserregern fertig zu werden, und es sollte aus diesem Grund auch nicht unterdrückt, sondern eher unterstützt werden. Mit einer Ausnahme allerdings: Eine Schwitzkur während einer Virusgrippe belastet den Kreislauf so stark, dass sie oft mit einer Einlieferung ins Krankenhaus endet.

Reduzierung des Krankheitsrisikos

Grundsätzlich handelt es sich bei Schnupfen, Husten, Halsschmerzen, grippalen Infekten oder einer echten Virusgrippe um Infektionskrankheiten, die nur ausbrechen können, wenn unsere Immunabwehr gestört ist. Nur dann haben es schädliche Bakterien und Viren leicht, in unserem Körper die Oberhand zu gewinnen. Unser Immunsystem kann durch Unter-

Die Blüten des Klatschmohns werden in Tees gegen Husten und Heiserkeit verwendet.

Erkältungstee und Bronchialtee nach Kräuterhexenart

kühlung, Stress, nicht ausreichenden Schlaf und allgemeine Erschöpfung, aber zum Beispiel auch durch einen operativen Eingriff oder eine schwere Geburt geschwächt werden. Deshalb ist es wichtig, zunächst seine Lebensführung so zu gestalten, dass das Risiko einer Erkrankung zumindest stark reduziert wird. Warme Kleidung, Bewegung, ausreichend Schlaf und der Abbau von Stressfaktoren sind deshalb außerordentlich wichtig.

Schneuzen und Husten nicht unterdrücken

Gründliches Naseputzen und Abhusten sind die einzigen Reinigungsmöglichkeiten für Nase und Bronchien. Auch ein herzhaftes und nicht unterdrücktes Niesen gehört dazu. Mit jeder „Ladung" Schleim, die unseren Körper verlässt, werden Tausende von Bakterien herausbefördert, die so keinen Schaden mehr anrichten können. Das ist für manche Menschen unangenehm, aber es ist nicht angebracht, diese Vorgänge aus falscher Scham zu unterdrücken, im Gegenteil, es kann sogar gesundheitsschädlich sein. Auch die Einnahme von Husten- und Schnupfenstoppern sollte möglichst unterlassen werden, es sei denn, besondere Situationen wie quälender Hustenreiz in der Nacht oder wichtige geschäftliche Termine lassen es nicht anders zu. Aber auch dann sollte es eine Ausnahme sein. Es ist sinnvoll, mit schleimlösenden Arzneien diesen Vorgang noch zu unterstützen.

In der nasskalten Jahreszeit sollte auch eine Kräuterhexe immer einen Erkältungstee im Haus haben.

Bronchialtee bei festsitzendem Husten

Nehmen Sie jeweils 10 g Eibischwurzel, Schlüsselblumenblüten, Klatschmohnblüten, Anisfrüchte und 20 g Spitzwegerichkraut, Thymianblätter und Salbeiblätter. Alle Zutaten gut mischen. Einen Esslöffel pro Tasse nehmen und dann fünf Minuten zugedeckt ziehen lassen.
Ein Tee, dessen Heilwirkung besonders bei einem festsitzenden Husten zur Geltung kommt.

Schweißtreibender Erkältungstee

10 g Fenchelfrüchte mit jeweils 20 g Eibischwurzeln, Thymianblättern, Holunderblüten und Lindenblüten mischen. Einen Esslöffel pro Tasse in die Kanne geben, fünf Minuten zugedeckt ziehen lassen.
Dieser schweißtreibende und schleimlösende Tee ist zur Unterstützung bei allen Erkältungskrankheiten, jedoch nicht für die Anwendung bei einer echten Virusgrippe geeignet.

Inhalieren macht nicht nur die Nase frei

Der gute alte Kamilledampf, so wie ihn unsere Großmütter schon angewendet haben, ist vielleicht etwas in Vergessenheit geraten. Seine Anwendung ist aber nach wie vor bei den durch eine Erkältung überreizten oder gar wunden Schleimhäuten in Nase, Hals und Rachen zu empfehlen. Die Heilstoffe der Kamille, besonders das blaue ätherische Öl Chamazulen, können auf diese Art und Weise tief im Nasen- und Rachenraum ihre entzündungshemmende und antibakterielle Wirkung entfalten. Fertigprodukte auf der Basis von Eukalyptusöl, Pfefferminzöl und Kampfer sollten bei überreizten Schleimhäuten vermieden werden, da sie die Situation eher verschlimmern. Nur bei einer verstopften Nase ist es sinnvoll, sich mit solchen Zubereitungen Erleichterung zu verschaffen.

Kräutermischung zum Inhalieren

Jeweils 50 g Salbeiblätter, Thymianblätter, Kamillenblüten und Lindenblüten nehmen und in einer Schüssel mischen. Pro Inhalation 50 g der Kräutermischung mit 250 ml kochendem Wasser übergießen.

Ein altes Hausmittel gegen Erkältungen und gegen entzündliche Haut ist das Gesichtsdampfbad mit Kamilleblüten.

Blauer Chalcedon, Heliotrop, Moosachat (von links nach rechts)

Vollbad mit ätherischen Ölen

Eine weitere und äußerst wohltuende Anwendung im Falle einer Erkältung ist das Vollbad. Die Wärme und das Einatmen von ätherischen Ölen wie Thymianöl, Eukalyptusöl, Teebaumöl oder Salbeiöl tragen ebenfalls ihren Teil dazu bei, dass die Erkrankung schneller überwunden wird. Und noch eines ist absolut wichtig: Ruhe und Ausruhen.

Kräuter, die bei Erkältungskrankheiten helfen

- Anisfrüchte (siehe Seite 128)
- Eibischwurzel (siehe Seite 132)
- Garten-Thymian (siehe Seite 134)
- Holunderblüten (siehe Seite 137)
- Klatschmohnblüten (siehe Seite 139)
- Lindenblüten (siehe Seite 141)
- Salbeiblätter (siehe Seite 144)
- Spitzwegerichblätter (siehe Seite 146)

Heilsteine, die bei Erkrankung der Atemwege helfen

Blauer Chalcedon: Er heilt Atemwegserkrankungen und führt zu einer Regeneration der Schleimhäute, er kühlt bei Fieber und regt das Immunsystem an. Dendriten-Chalcedon ist besonders wirksam bei Atemwegserkrankungen als Folge des Rauchens.

Heliotrop: Als immunstärkender Stein ist er besonders bei akuten Infektionen zu empfehlen, da er gleichzeitig entgiftend wirkt.

Moosachat: Der klassische „Erkältungsstein" wirkt immunstärkend, fiebersenkend, entzündungshemmend, schleimbildend und hilft bei Lymphknotenschwellungen.

Rutilquarz: Besonders bei Atemwegserkrankungen, wie zum Beipiel einer chronischen Bronchitis, zu empfehlen. Löst Beklemmungen physischer und psychischer Art.

Smaragd: Heilt besonders Entzündungen der Nebenhöhlen und der oberen Atemwege, er wirkt entgiftend, stärkt ebenfalls das Immunsystem und fördert die Genesung von Infektionskrankheiten.

Ein Smaragd sollte im Falle einer Erkrankung der Atmungsorgane direkt am Körper getragen werden.

Schmerzen & Migräne

Ursachen von Schmerzen

Schmerzen können eine ganze Reihe körperlicher oder psychischer Ursachen haben. Die körperlichen Schmerzen nach einem Sturz, einem Schnitt in den Finger, einer Prellung oder sonstigen Verletzungen können eindeutig dem Ort der Entstehung zugeordnet werden. Unter dem Begriff Fernschmerz versteht man solche Schmerzen, die weder auf eine Verletzung noch auf eine andere Störung zurückzuführen sind.

Interessant sind die psychischen Hintergründe von Schmerzen. Ob und wie schlimm ein Schmerz empfunden wird, hängt tatsächlich davon ab, wie wir ihn „erlernt" haben, denn die Schmerzintensität wird nicht angeboren.

Die Ursache eines Schmerzes, der ja als das Signal des Körpers, dass etwas nicht stimmt, anzusehen ist, muss unbedingt ärztlich geklärt werden. Diese Warnung möchte ich besonders meinen männlichen Lesern „ans Herz legen".

Auslöser von Spannungskopfschmerzen

Ein Paradebeispiel für die psychischen Ursachen von Schmerzen sind die Spannungskopfschmerzen.

Diese Art von Kopfschmerzen tritt besonders unter Leistungsdruck und in subjektiv als peinlich empfundenen Situationen auf. Das Gehirn „interpretiert" eine solche Situation als belastend und gefährlich und reagiert darauf, indem die Muskeln und Blutgefäße im Hals-Nackenbereich unter Spannung gesetzt werden. Bei längerfristigen Anspannungen ist somit der Spannungskopfschmerz eine logische Folge.

Außer diesen psychischen Auslösern können Duftstoffe, hoher Kaffee- und Fleischgenuss und eine falsche Haltung während des Sitzens oder Schlafens Auslöser von Spannungskopfschmerzen sein. Selbst häufiges Kaugummikauen kann die Kiefermuskulatur derart verspannen, dass sich Kopfschmerzen einstellen.

Schmerzen können verschiedene Ursachen haben – eine davon ist zum Beispiel zu hoher Kaffeegenuss.

Migräneschmerzen – wie ein einschlagender Blitz

Migräne – Zwangspause für das Gehirn

Gehören Sie zu den „kopfgesteuerten" Menschen, mit einem Hang zum „Zerdenken" von Problemen, stehen Sie immer „unter Strom", sind Sie neugierig, ständig aktiv, können Sie nur schwer entspannen und gehen Sie auch die kleinsten Probleme mit der Konzentration einer weltbewegenden Entscheidung an und dies besonders als weibliche Person, so leiden Sie mit Sicherheit an Migräne.

Nach neuesten Forschungsberichten entspricht ihre Migräne dem sogenannten „Denkpausenmodell". Ihr Gehirn ist demzufolge überlastet und nimmt sich daher in Form eines Migräneanfalls eine Pause, indem es die Blutgefäße engstellt – mit diesem Zwang zum Innehalten wird das überstrapazierte Gehirn vor Schäden bewahrt. So schmerzlich diese Erfahrung auch ist, Sie können nur damit existieren.

Das zweite Modell der modernen Wissenschaft ist das beängstigend klingende „Schlaganfallmodell". Auf Grund neurologischer Untersuchungen hat man herausgefunden, dass jedem Migräneanfall ein „Minischlaganfall" vorausgeht, was durch die vorgefundenen Vernarbungen im Gehirn von Migränepatienten belegt wurde. Durch das Zusammenziehen von Blutgefäßen werden zerstörte, blutleere Zellen hinterlassen. Bei chronischer Migräne werden diese Stellen immer größer, so dass sich daraus auf Dauer und in höherem Lebensalter „neurologische Ausfälle" ergeben können.

Auslöser für den Migräneanfall reduzieren

Mit Hilfe eines Migränekalenders können auslösende Faktoren ermittelt und als Folge daraus auch weitestgehend vermieden werden. Wetter, Alkohol, Nahrungsmittel, Stress, hormonelle Gründe, Lichtreize usw. können zu diesen Auslösern gehören.

Richtiges Sitzen will gelernt sein.

Das Wetter kann Beschwerden abschwächen oder verschlimmern, es ist aber nicht die eigentliche Ursache von Erkrankungen.

Das oberste Gebot bei Schmerzen, Spannungskopfschmerzen und Migräne heißt in erster Linie: Entspannung. Versuchen Sie auch nicht, wie es häufig von Unwissenden empfohlen wird, Ihren Schmerz mit Sport zu vertreiben. Es wird dadurch nur noch schlimmer! Sport eignet sich lediglich zur Vorbeugung.

Die biologische Aufgabe des Schmerzes lautet: Unser Wohlbefinden einzuschränken und damit Ruhe zu erzwingen, uns von bestimmten Bewegungen abzuhalten (= Schonhaltung aufgrund von Verletzungen) und uns von ungünstigen Verhaltensweisen abzubringen, wie zum Beispiel Übertreibungen beim Sport und der Nahrungsaufnahme, keine Entspannungspausen, Verdrängung von Schlaf.

Tee gegen Kopfschmerzen

Mischen Sie jeweils 10 g Fenchelfrüchte und Rosmarinnadeln mit jeweils 20 g Verbenenblättern, Lavendelblüten, Melissenblättern, Quendelkraut und Weidenrinde. Nehmen Sie einen Esslöffel pro Tasse. Mit heißem Wasser übergießen und fünf Minuten zugedeckt ziehen lassen.

Migränetee – ein krampflösender, entspannender und schmerzlindernder Tee

Mit blutdruckunterstützender Wirkung ist dieser Tee begleitend bei allen Arten von Kopfschmerzen geeignet. Die Ursache unbedingt vom Arzt abklären lassen.

Mit Duft gegen Schmerzen

Mit der Aromatherapie kann im Schmerzfall viel erreicht werden. Diese Art der Anwendung ist allerdings nur für diejenigen geeignet, deren Schmerzen nicht durch Düfte verursacht werden. Das klingt zwar banal, ich halte diese Erwähnung aber für wichtig. Die klassischen Schmerzlöser aus der Familie der ätherischen Öle sind: Basilikum, Lavendel, Bergamotte, Pfefferminze, Muskatellersalbei, Rose.

Die Kraft der Farben nutzen

Es ist bewiesen, dass Farben auf unsere Psyche einwirken und uns Schmerzen weniger empfinden lassen. Die Farbtherapie sollte daher nicht unterschätzt werden. Zu den wirksamen Farben bei Schmerzen gehören Violett und Blau. Probieren Sie es einmal, indem Sie die Augen schließen und sich ein kühlendes Blau, das immer größer wird, oder ein weites blühendes Lavendelfeld vorstellen. Ihre Kopfschmerzen werden nachlassen.

Heilsteine gegen Schmerzen

Amethyst: Wirkt allgemein schmerzlindernd bei Verletzungen, Prellungen und Schwellungen. Besonders Spannungskopfschmerzen können durch eine Kopfhautmassage mit Amethyststufen oder Kristallen gelindert werden.
Rauchquarz: Löst Verkrampfungen und ist schmerzlindernd besonders bei Rückenbeschwerden, stärkt die Nerven und lindert Strahlenschäden. Durch eine entsprechende Wirkung ist der Rauchquarz der klassische Antistress-Stein.
Rhodochrosit: Macht die Blutgefäße elastisch und sollte daher bei Migräne aufgelegt werden.
Rhodonit: Der beste Wundheilstein überhaupt. Er heilt Verletzungen innerlicher und äußerlicher Art, leitet Gift aus dem Gewebe und sorgt für eine saubere Wundheilung.
Türkis: Schmerzlindernd, krampflösend, entgiftend und entzündungshemmend.

1 Amethyst, 2 Rhodonit, 3 Rhodochrosit, 4 Türkis und 5 Rauchquarz

An manchen Tagen schadet auch Schokolade nicht.

Magen – Leber – Galle – Darm

Vom einfachen Bauchweh bis zur Verstopfung

Das häufigste Missbehagen bei einer Störung des Verdauungssystems ist das schon von Kindesbeinen an bekannte Bauchweh. In ganz jungen Jahren wird besonders häufig über Bauchschmerzen geklagt, weil der junge Organismus sich mit diesem Begleitsymptom manifestiert. Gerade bei einem Säugling kommen Verdauungsstörungen mit kolikartigen Schmerzen häufig vor, sie verlieren sich jedoch mit zunehmendem Alter, weil sich das Verdauungssystem eingespielt hat.

Anders sieht es in der Welt der Heranwachsenden und Erwachsenen aus. Bauchschmerzen und eventuell hinzukommende Symptome wie Völlegefühl, Übelkeit, Erbrechen, Sodbrennen, Blähungen, Durchfall oder Verstopfung sind oft die Folge einer Entgleisung der Verdauungsvorgänge. Man mutet seinem Magen einfach zuviel zu. Wenn das Essen, welches dann noch zu fett oder vielleicht sogar verdorben ist, hinuntergeschlungen wird und kein Unterschied zwischen kalt und warm gemacht wird, brauchen wir uns über ein Unwohlsein nicht zu beklagen.

Essen als Ersatzbefriedigung

Es fragt sich nur, warum manche Menschen einfach weiteressen, obwohl sie schon längst satt sind. Als Ersatzbefriedigung, wie Psychoanalytiker herausgefunden haben! Essen ist ein mit Lust und anschließender Befriedigung verbundener Vorgang und kann auf diese Weise einen verlorenen Lebenssinn oder unterdrücktes sexuelles Verlangen kompensieren. Man füllt seine psychische Leere mit opulentem Essen auf, um wenigstens so das Gefühl der Zufriedenheit zu erzeugen.

Chicoree enthält zahlreiche Bitterstoffe.

Bitterstoffe unterstützen die Verdauung

Eine deutliche Veränderung in unserem Geschmacksempfinden hat dazu geführt, dass fast alle Bitterstoffe aus unseren Nahrungsmitteln eliminiert wurden.
Gemüse und Salate, die Hauptlieferanten dieser für unsere Verdauung absolut wichtigen Inhaltsstoffe, werden bitterfrei gezüchtet. Etwas strenger schmeckende Obstarten werden gemieden und selbst einen Kräutertee trinkt man eher im Krankheitsfall. Leber- und Gallenprobleme sind der Preis, den wir dafür bezahlen müssen, denn Bitterstoffe unterstützen die Bildung von Verdauungssäften.

Die Verdauung fängt im Kopf an

Probleme mit Magen, Leber, Galle und Darm haben aber auch oft diejenigen unter uns, denen alles „auf den Magen schlägt“, „die alles in sich hineinfressen“, und damit ist nicht nur Nahrung gemeint, auch diejenigen, denen manchmal „etwas über die Leber kriecht“, oder denen „die Galle überläuft“. Manche finden auch alles nur zum Kotzen.
Vermeintlich unlösbare Konflikte werden oft mit einer „Durchhalteparole“ abgetan, das heißt, obwohl mich etwas stört, kann ich mich nicht „gehenlassen“. Menschen mit einem solchen Denkschema leiden bestimmt häufig an Verstopfung.
Sie sehen, die psychologische Komponente von Verdauungsstörungen ist nicht unerheblich und sollte daher im Vorfeld unbedingt geklärt werden.

Ein Tee aus frischer Schafgarbe hilft bei Verdauungsstörungen.

Mut zum „klärenden Gewitter“

Fressen Sie Ihre Aggressionen nicht in sich hinein, ein klärendes Gewitter hat noch nie geschadet, man muss allerdings lernen, den Mut dazu zu haben.
Ihr Darm badet übrigens Ihre unterdrückten Wünsche und psychischen Reize im wahrsten Sinne des Wortes aus: er wird durch das aus dem Gleichgewicht gebrachte vegetative Nervensystem „unter Wasser gesetzt“. Spielen Sie nicht weiterhin den coolen Typ ohne Schwächen und schalten Sie einen Gang zurück. Beim Langsamtun kann man nicht schnell genug sein, hat einmal ein weiser Mann bemerkt.

Der Leber-Galle-Tee ist bei Verdauungsstörungen zu empfehlen.

Wann man bei Bauchweh unbedingt den Arzt aufsuchen sollte

Es kann durchaus der Fall sein, dass es sich bei dem vorhandenen Bauchweh gar nicht um eine Bagatelle, sondern um die Anzeichen einer schweren Erkrankung handelt. Daher gilt es sofort einen Arzt zu rufen, wenn

- die Bauchschmerzen plötzlich wie aus heiterem Himmel kommen, heftig und mit Erbrechen verbunden sind.
- ein starkes Blähungsgefühl, Fieber und keuchender Atem auftreten.
- die Schmerzen bis in den rechten Schulterbereich ausstrahlen und sich die Haut und Augen gelb färben.
- bei anhaltendem heftigen Erbrechen mit Durchfall oder wenn Erbrochenes rot oder braunschwarz gefärbt ist.
- länger anhaltender Durchfall mit Fieber, Gliederschmerzen oder Blutbeimengungen verbunden ist.
- die Verdauungsbeschwerden generell nicht nach ein bis zwei Tagen besser sind.

Leber-Galle-Tee zur Entgiftung

40 g Löwenzahnkraut mit jeweils 20 g Mariendistelkraut und Gänseblümchenblüten und jeweils 10 g Rosmarinnadeln und Kamillenblüten mischen. Einen Esslöffel pro Tasse nehmen und fünf Minuten bedeckt ziehen lassen. Ein Tee zur Unterstützung und Entgiftung von Leber und Galle.

Beruhigender Magentee

Nehmen Sie 30 g Kamillenblüten, jeweils 20 g Johanniskraut und Melissenblätter. dazu jeweils 10 g Wermutblätter, Anisfrüchte und Fenchelfrüchte. Zutaten gut mischen, einen Esslöffel pro Tasse nehmen, fünf Minuten bedeckt ziehen lassen.

Vorbeugung durch richtige Essgewohnheiten

Versuchen Sie, schon durch Ihr Essverhalten Verdauungsstörungen erst gar keine Chance zu geben. Hören Sie auf Ihre innere Stimme, wenn sie sich in Zusam-

Ein richtiger Fitmacher – Rohkostplatte mit leichter Joghurtsoße

Alkohol und Nikotin belasten die gesunde Ernährung.

menhang mit Essen ablehnend bemerkbar macht. Es ist dann ein Ausdruck von „geistiger Größe", wenn Sie dem Wirt was schenken und Speisereste zurückgehen lassen.

Es gibt ein Leben ohne täglichen Fleisch-, Alkohol-, Zucker- und Zigarettenkonsum. Gegen diese Säurelöcher entwickeln Sie bei einem verkorksten Magen sowieso einen Widerwillen. Schwere Speisen und größere Alkoholmengen sollten speziell am Abend vermieden werden.

Kräuter, die bei Magenproblemen helfen

- Basilikum (siehe Seite 130)
- Fenchel (siehe Seite 133)
- Kamilleblüten (siehe Seite 138)
- Kümmel (siehe Seite 139)
- Melissenblätter (siehe Seite 142)
- Pfefferminze (siehe Seite 143)
- Schafgarbenblüten (siehe Seite 145)
- Wermut (siehe Seite 147)

Heilsteine bei Verdauungsproblemen

Achat: Fördert Verdauung und Ausscheidung, hilft bei Gastritis, Blasen- und Darmentzündungen.

Bernstein: Hilft bei Magen-, Milz-, Leber- und Gallenbeschwerden.

Dumortierit: Er hilft bei Übelkeit, Erbrechen, Krämpfen, Koliken und Durchfall. Panik und große Angst werden positiv beeinflusst, er gibt Mut und Zuversicht, so dass psychisch bedingte Verdauungsprobleme verschwinden.

Epidot: Fördert die Gallenproduktion und verbessert die Verdauungsprozesse im Dünndarm.

Magnesit: Bei Magnesiummangel; wirkt entgiftend und krampflösend bei Magen-Darmkrämpfen sowie Gallenkoliken.

Prehnit: Regt den Fettstoffwechsel an. Im Fett eingelagerte Giftstoffe werden beschleunigt entfernt.

Variscit: Neutralisiert Übersäuerung und hilft bei Sodbrennen, Gastritis und unterstützt bei Magengeschwüren.

1 Bernstein, 2 Achat, 3 Dumortierit, 4Variscit und 5 Prehnit

Blase und Nieren

Ursachen von Blasen- und Nierenerkrankungen

Unsere Nieren haben die Aufgabe, Harn zu bilden und auszuscheiden. Auf diese Art und Weise wird der Organismus von überflüssigen oder sogar schädlichen Abbauprodukten befreit. Die häufigste Ursache der Erkrankungen von Blase und Nieren ist eine Infektion auf Grund eines geschwächten Immunsystems, hervorgerufen durch Bakterien, die zu der Familie der Darmbakterien gehören. Weitere Erkrankungsfaktoren sind Ernährungsfehler, ungesunde Lebensweise, seelische Komponenten oder eine erbliche Veranlagung. Eine Blasenentzündung, die sich nach kalten Füßen oder einer Unterkühlung des Unterleibes einstellen kann, macht sich durch vermehrten Harndrang,

Mineralwasser ist ein gesunder Durstlöscher.

Bei einer Blasenerkrankung mache ich mir eine Wärmflasche – die Wärme lindert die Schmerzen.

Schmerzen beim Wasserlassen, Trübung des Urins oder Blutbeimengungen und starke krampfartige Schmerzen nach dem Wasserlassen bemerkbar. Da die Harnleiter von Frauen kürzer sind als bei Männern, ist eine Infektionsgefahr wesentlich größer, so dass es sich hierbei fast um ein klassisches Frauenleiden handelt.
Normalerweise ist eine Blasenentzündung nicht mit Fieber verbunden. Sollte dies dennoch der Fall sein, kann bereits eine Entzündung der Harnleiter oder Nieren vorliegen, was einen sofortigen Arztbesuch bedeutet.

Wärme lindert die Symptome

Die erste wichtige Maßnahme, um eine Blasenerkrankung zu behandeln, heißt Wärme! Warme Sitzbäder mit Kamillenzusatz sind wohltuend. Um eingedrungene Bakterien so schnell wie möglich wieder loszuwerden, ist ein Blasen- und Nierentee hervorragend geeignet. Er be-

steht in der Regel aus stark wassertreibenden und gleichzeitig desinfizierenden und entzündungshemmenden Kräutern. So werden Bakterien vermehrt ausgespült, und die entzündeten Harnwege werden geheilt. Eine Blasenentzündung ist übrigens die einzige Erkrankung der Harnorgane, die bei einem frühen Erkennen mit Hausmitteln behandelt und bei leichten Formen auch geheilt werden kann. Alle anderen, wie zum Beispiel Harninkontinenz, Harnröhrenentzündung, Harnsteinleiden, Nierensteine und Prostatabeschwerden, müssen mit Hilfe eines Arztes geklärt und behandelt werden. Nach Absprache ist jedoch auch hier Unterstützung mit Hausmitteln möglich.

Vorbeugender Blasen- und Nierentee

Nehmen Sie jeweils 30 g Brennnesselkraut und Zinnkraut, 20 g Goldrutenkraut, Hirtentäschelkraut, Hauhechelwurzel und Echtes Labkraut und 10 g Anisfrüchte. Alle Zutaten gut mischen, einen Esslöffel pro Tasse nehmen und fünf Minuten bedeckt ziehen lassen.

Blasen- und Nierentee zur Vorbeugung und Behandlung von Blasenentzündungen – auch in Verbindung mit Blut im Urin geeignet.

Nephrit (grün) und Aktinolyt

Zur Vorbeugung und Behandlung von Blasenentzündungen, auch in Verbindung mit Blut im Urin geeignet.

Kräuter, die bei Blasenerkrankungen helfen

- Birkenblätter (siehe Seite 130)
- Brennnessel (siehe Seite 131)
- Goldrute (siehe Seite 135)
- Hauhechel (siehe Seite 135)
- Liebstöckel (siehe Seite 141)

Heilsteine gegen Blasenerkrankungen

Aktinolyt: Regt die Funktion von Leber und Nieren an. Als Aktinolytquarz (= mit Bergkristall) wird die Entgiftung und Ausscheidung angeregt.
Nephrit: Er verbessert die Nierenfunktion, lindert Nierenentzündungen, verhindert Ablagerungen in den Harnwegen und Nierensteine. Im Akutfall wird er direkt auf die Nierengegend aufgeklebt.
Turmalin: Die besondere Art des Turmalins – der blaue Indigolith – regt Wasserhaushalt, Nieren und Blase an.

Frauenkrankheiten

Eine positive Einstellung zum eigenen Körper und Frausein ist wichtig

Der Monatszyklus einer Frau hat im täglichen Berufsleben keine Daseinsberechtigung und wird daher oft unterdrückt. Hausfrauen leiden wohl oft an Minderwertigkeitsgefühlen, aber sie haben dafür mehr Möglichkeiten, sich zu schonen, als ihre berufstätigen Zeitgenossinnen. Die wenigsten Vorgesetzten haben einen „Draht“ dafür, wie es um ihre Mitarbeiterin gerade steht.
Es ist grundsätzlich wichtig, eine gesunde Einstellung zum eigenen Körper und zum Frausein zu haben. Vieles fällt leichter, wenn der monatliche Zyklus als Teil von einem selbst akzeptiert wird und man sich nicht schämt, über das eine oder andere Problem offen zu reden.
Um sich mit Natur- und Hausmitteln helfen zu können, muss jedoch eine ernsthafte Erkrankung durch eine ärztliche Untersuchung ausgeschlossen werden. Sehr oft hilft schon die bloße Anteilnahme seitens des Partners oder einer anderen Person, die den leidgeplagten Frauen das Gefühl gibt, nicht allein zu sein. Gerade im Umgang mit jungen Mädchen, die nicht nur mit den körperlichen Seiten des Frauseins, sondern auch mit den psychischen „Wechselduschen“ der Pubertät und dem Schulalltag klarkommen müssen, ist ein besonderes Feingefühl im Verhalten notwendig.
Neben einem warmen Bett und der entsprechenden Zuwendung kann ein wohlschmeckender, krampflösender und schmerzstillender Tee der Kräuterhexe auch in dieser Situation helfen.

Hilfe für die „Tage vor den Tagen“

Diese „Tage vor den Tagen“ empfinden manche Frauen mindestens als genauso beschwerlich wie viele andere Leidensgenossinnen die eigentliche Regelblutung. Die Symptome dieses Missbefindens, denn es gilt nicht als Krankheit, äußern

sich physisch in Form von Blähungen, Wasseransammlungen (man fühlt sich wie aufgedunsen), Brustspannen, Verstopfung, Unterleibsschmerzen und Rückenschmerzen sowie psychisch in Form von depressiver oder oft auch aggressiver Stimmung.
Die hormonelle Veränderung im letzten Drittel des Zyklus wird als eine der Ursachen für das Prämenstruelle Syndrom (PMS) angesehen. Aber auch die psychische Einstellung einer Frau zu ihrer Monatsblutung scheint eine nicht unerhebliche Rolle zu spielen. In Stress-Situationen, wie beispielsweise der Mehrfachbelastung in Familie, Haushalt und Beruf, wird ebenfalls häufiger über das Prämenstruelle Syndrom geklagt als es sonst der Fall ist.

Entspannung tut gut

Wichtig für Frauen, die von dem Prämenstruellen Syndrom geplagt werden, ist eine Hilfestellung in Form von Entspannungsübungen, pflanzlichen Heilmitteln und einer psychologischen Unterstützung, um die Einstellung zum Thema Monatsblutung und Weiblichkeit zu entkrampfen. Ein Entwässerungstee, kombiniert mit stimmungsaufhellenden und hormonell ausgleichenden Drogen wie Johanniskraut, Mönchspfeffer und Frauenmantel sowie eine natriumarme aber magnesiumangereicherte Ernährung in eben diesen Tagen sind durchaus in der Lage, eine Verbesserung des Befindens herbeizuführen.

Täglich ein paar Minuten Yoga helfen beim Entspannen.

Beratung von außen ist hilfreich

Frauen, die in ihrer Umgebung wenig Anerkennung als solche genießen und sich aus diesem Grund auch nicht trauen, über ihre Probleme zu sprechen, sondern versuchen, das Ganze mit sich selbst auszumachen, leiden besonders häufig unter dem Prämenstruellen Syndrom. In diesem Fall ist eine Unterstützung durch Frauenselbsterfahrungsgruppen oder eine

Das Märchen vom Dornröschen zeigt uns die Entwicklungsstadien eines weiblichen Wesens von der Geburt bis zur Geschlechtsreife.

Nicht nur die Wechseljahre können Schlaflosigkeit auslösen ...

psychologische Beratung angebracht. Sehr hilfreich kann auch eine Farb- und Aromatherapie sein.

Tee bei Regelschmerzen

Für diesen Tee benötigen Sie jeweils 20 g Frauenmantelkraut, Schafgarbenblüten, Zinnkraut, Thymianblätter und Hibiskusblüten, jeweils 10 g Lavendelblüten, Weidenrinde, Fenchelfrüchte und Anisfrüchte. Alle Zutaten in einer Schüssel gut mischen. Nehmen Sie einen Esslöffel pro Tasse und lassen Sie den Tee fünf Minuten bedeckt ziehen.
Dieser krampflösende und schmerzstillende Tee kann schon ein bis zwei Tage vor der zu erwartenden Monatsblutung getrunken werden, um die Beschwerden im Vorfeld zu reduzieren. Im Akutfall trinkt man zwei bis vier Tassen täglich bis die Beschwerden nachlassen. Nun sollte jedoch der Tee weggelassen werden.

Wechseljahresbeschwerden

Unter den Wechseljahren versteht man die Zeit vor und nach der Menopause = endgültiges Aufhören der Monatsblutungen, weil die Eierstöcke ihre Funktion beenden.
Es handelt sich hierbei, ähnlich wie in der Pubertät oder der Schwangerschaft und Geburt, um gravierende hormonelle Umstellungen, die zu einer ganzen Reihe Befindlichkeitsstörungen wie Hitzewallungen, Schweißausbrüchen, Nervosität, mangelnder Belastbarkeit, Angstgefühlen und Depressionen, Stimmungslabilität und Schlaflosigkeit führen können. Ich schreibe bewusst „können", denn nicht bei jeder Frau äußern sich diese Beschwerden gleich stark. Letztendlich handelt es sich bei den Wechseljahren um einen normalen Alterungsprozess.
Jetzt hat eine Frau oft erstmals die Gelegenheit, sich über ihre eigenen Vorstel-

Suchen Sie Ihren neuen Weg und Ihre persönliche „Mitte".

lungen und Wünsche klar zu werden, und auch die Möglichkeit, diese zu realisieren.

Wechseljahre als Neuanfang sehen

Ersetzen Sie das negativ belastete Wort „Wechseljahre" durch „Neuanfang" und begeben Sie sich auf die Suche danach. Wie bei jedem neuen Weg wird es sicherlich einige Zeitlang dauern, bis Sie ihn und Ihre neue Rolle in dieser Welt entdeckt haben, aber mit etwas Optimismus, Tatendrang und einem neuen Selbstwertgefühl ist er zu finden.

Verabschieden Sie sich, wenn es notwendig ist auch mit psychotherapeutischer Hilfe, von der Vorstellung, der Sinn des Lebens einer Frau läge nur in ihrer Fruchtbarkeit begründet, denn das wäre doch etwas zu wenig. Schließlich sind Frauen auf jeden Fall mehr wert und sie besitzen viele interessante Fähigkeiten!
Nun ist es jedoch so, dass selbst bei einer positiven Einstellung zu den Wechseljahren, deren körperliche Begleitumstände häufig nicht ganz wegzudiskutieren sind. Auch in diesem Fall helfen Ihnen die Mittel und Kräuter aus der Naturheilkunde sanft weiter.

Salbei entfaltet auch als „Frauenkraut" seine Wirkung.

Tee gegen Wechseljahres-beschwerden

30 g Frauenmantelkraut mit jeweils 10 g Salbeiblättern, Zinnkraut, Birkenblättern, Brombeerblättern, Brennnesselkraut, Erdrauchkraut und Kamillenblüten mischen. Einen Esslöffel pro Tasse nehmen und fünf Minuten bedeckt ziehen lassen.
Dieser Tee eignet sich besonders für leichtere Wechseljahresbeschwerden. Er wirkt Schweiß reduzierend, entwässernd und ausgleichend.

Kräuter, die bei „Frauenleiden" helfen

- Frauenmantel (siehe Seite 134)
- Hirtentäschel (siehe Seite 136)
- Johanniskraut (siehe Seite 138)
- Kamille (siehe Seite 138)
- Lavendel (siehe Seite 140)
- Mönchspfeffer oder Keuschlamm (siehe Seite 142)
- Rosmarin (siehe Seite 144)
- Salbei (siehe Seite 144)
- Schafgarbe (siehe Seite 145)

Heilsteine gegen Frauenleiden

Amazonit (aus dem Land der „Frauen ohne Männer"): Er wirkt ausgleichend bei extremen Stimmungsschwankungen und beruhigend, auch durch die Harmonisierung von Hypophyse und Thymusdrüse. In der Geburtshilfe wird seine entspannende und krampflösende Wirkung geschätzt.
Malachit: Wirkt krampflösend, hilft bei Menstruationsbeschwerden, unterstützt die Entwicklung der weiblichen Ge-

Täglich zwei Tassen Tee gegen Wechseljahresbeschwerden helfen die Symptome zu lindern.

Das Blau des Lavendelfeldes hat eine entspannende und beruhigende Wirkung.

schlechtsorgane und heilt deren Erkrankungen. Bei starken Beschwerden direkt auf die entsprechende Stelle kleben.

Mondstein: Die inneren Hormonzyklen werden in Übereinstimmung mit den Rhythmen der Natur gebracht. Die Fruchtbarkeit der Frau wird gefördert, Menstruations- und Wechseljahresbeschwerden werden gelindert.

Thulit: Fördert Lust, Sinnlichkeit und Sexualität. Er hilft bei Erkrankungen der Eierstöcke und Geschlechtsorgane und stärkt das gesamte Nervensystem.

Zoisit: Er hilft bei Erkrankungen der Eierstöcke und fördert die Fruchtbarkeit. Er hemmt Entzündungen und stärkt das Immunsystem.

„Frauensteine“: 1 Thulit, 2 Ziosit, 3 Amazonit, 4 Malachit und 5 Mondstein

Sterilität – sexuelle Unlust – Impotenz

Unerfüllter Kinderwunsch

Es sind in erster Linie Frauen, die sich bei ausbleibendem Kindersegen um Hilfe bei diesem Problem bemühen, weil sie die Ursache dafür bei sich selbst vermuten.
Zu etwa 35% sind jedoch die Männer alleine für die Sterilität verantwortlich, was sich aber oft erst nach einer langen, an der Frau durchgeführten Untersuchungsreihe feststellen lässt.
Mögliche körperliche Ursachen für unerfüllten Kinderwunsch sind Funktionsstörungen der Eierstöcke mit ausbleibendem oder seltenem Eisprung, Entzündungen der Geschlechtsorgane oder Untergewicht. Durch ärztliche Behandlung in Form von hormoneller Unterstützung oder durch spezielle Kuren können diese rein körperlichen Ursachen beseitigt werden.

Die innere Ablehnung bewusst durchbrechen

Sehr häufig handelt es sich aber auch um Probleme im psychologischen Bereich. Die unbewusste innere Ablehnung einer Schwangerschaft, Stressfaktoren und die übergroße Erwartungshaltung von Seiten des Partners oder der restlichen Familie können durchaus zu einer „Verweigerung“ und Verkrampfung des weiblichen Organismus führen. In solch einer Situation wird jede eintretende Periodenblutung als persönliche Niederlage empfunden, was über kurz oder lang in einem Teufelskreis endet. Dieser kann in vielen Fällen nur durch die Hilfe eines Psychotherapeuten und einer neuen inneren Verfassung durchbrochen werden. Wenn sich die innere Haltung einer Frau dahingehend verändert, dass sie sich sagen kann, „Ich muss keine Kinder be-

kommen, um eine vollwertige Frau zu sein", und damit auch ihre Lebensumstände ändert, so kann dies durchaus zu einer Schwangerschaft führen.
Dieser Umweg erfordert zwar meistens etwas mehr Zeit, er hat aber in vielen Fällen schon zum Erfolg geführt.

Gründe für sexuelle Unlust

Viele Wissenschaftler sind inzwischen der Ansicht, dass sich das Sexualverhalten auf Grund von Arbeitslosigkeit, Stress, Hektik und einer gewissen Zukunftsangst generell in einer Krise befindet.
Sexuelle Erregung wird von vielen Partnern als zusätzlicher kraftraubender Stressfaktor empfunden. Sexuelle Unlust kann auch als Nebenwirkung bei Einnahme der Antibabypille entstehen.
Besonders bei „alten" Paaren, und ich meine damit nicht nur das Lebensalter, sondern die Dauer der Beziehung, lässt die anfangs verspürte Leidenschaft nach, wofür es übrigens auch eine hormonelle Erklärung gibt. So wohltuend eine harmonische Partnerschaft mit gegenseitigem Vertrauen und Verstehen auch sein kann, zuviel Harmonie kann für das sexuelle Verlangen tödlich sein. Wenn die Partner im gegenseitigen Einverständnis handeln bzw. in diesem Fall nicht handeln, ist dagegen nichts einzuwenden. Schwierig wird es jedoch, wenn eine Seite unter diesem Umstand leidet.
In diesem Fall ist Abwechslung angesagt. Ich meine damit nicht das „Bäumchen-Wechsel-Dich" Spiel, sondern die Abwechslung innerhalb der Situation. Fantasie ist Trumpf!

Ein unerfüllter Kinderwunsch kann eine Belastung für eine Partnerschaft sein.

Gestalten Sie Ihre Umgebung und Ihren Alltag spannend und abwechslungsreich

Das sollte besonders auf das Abend- und Freizeitprogramm zutreffen. Wer sich nichts mehr zu sagen hat, dem fällt auch in sexuellen Dingen nicht mehr viel ein. Schaffen Sie „Unregelmäßigkeiten" in Uhrzeit, Tageszeit oder Umgebung.
Auch wenn man schon lange zusammenlebt, das Äußere spielt immer noch eine wichtige Rolle. Gepflegt und attraktiv ist Mann (Frau) reizvoller.
Ich erwähne es zwar ungern, weil es eigentlich fragwürdig ist, aber manchmal helfen auch Filme oder spezielle Literatur weiter. Ich meine damit allerdings Erzeugnisse der gehobenen Klasse und keine harten Pornos.

Schreiben Sie Ihre Gedanken und Wünsche auf Papier nieder.

Mit Düften gegen sexuelle Unlust

Beziehen Sie die „Seele der Pflanzen“ mit ein. Ätherische Öle oder Parfüms verfehlen, richtig angewendet, selten ihr Ziel. Gerade bei sexueller Unlust hat der Einsatz der Aromatherapie schon zu bemerkenswerten Erfolgen geführt. Erotische Düfte wie Ingwer, Kardamom, Sandelholz und Zeder als männliche Nuance und Iris, Jasmin, Rose, Neroli und Ylang-Ylang als weibliche Note sollten Sie im Falle eines Falles in einer Duftschale verdunsten lassen.

Ein paar Potenzkiller auf einen Blick

Zum Schluss möchte ich mich noch einmal besonders an die Herren unter meinen Lesern und Kunden wenden. Wenn Sie sich jenseits des vierzigsten Lebensjahres befinden, können verkalkte Blutgefäße, Bluthochdruck, fette Ernährung und Bewegungsmangel die Ursache für ein sehr gravierendes, männliches Problem sein, nämlich für die von allen Männern gefürchtete Impotenz. Aber auch physische Hintergründe wie permanente Anspannung durch Stress, Kummer, Angst und Depressionen, aber auch das Gefühl der Erniedrigung, sowohl im Privatleben als auch im Beruf, sind Potenzkiller.

Meiden Sie Stress

Setzen Sie sich nicht selbst unter Leistungsdruck. Für stressgeplagte Partner ist es wichtig, diesen Stress zuerst einmal auf andere Art und Weise abzubauen oder aber sich mit der Tatsache abzufinden, dass man in dieser Situation wirklich nicht „kann".

Der Zauber um die Liebestränke

Hier möchte ich auch einen weitverbreiteten Irrtum ausräumen. Liebestränke und -tees von Kräuterhexen bestehen aus

Liebestränke sind in erster Linie als Wink mit dem Zaunpfahl zu verstehen (oben). Thulit (rechts), Und manchmal hilft einfach Romantik pur ... (links)

anregenden und durchblutungsfördernden Kräutern. Eine organisch bedingte oder als Resultat einer gestörten Partnerschaft entstandene Impotenz kann damit nicht kuriert werden. Nicht einmal bei einer literweisen Anwendung.

Heilsteine gegen sexuelle Unlust und Impotenz

Edelsteine können durchaus gezielt eingesetzt werden, wenn man deren Wirkung kennt. Versuchen Sie es einmal gezielt mit Rubin, Thulit oder Feueropal.
Rubin, Zoisit, Rutilquarz und Granat sind die Heilsteine, die Ihnen, meine Herren, bei der Lösung Ihres Problems hilfreich sein können.

Es gibt Ysop mit rosafarbenen aber auch mit weißen Blüten.

Frühjahrsmüdigkeit

Mit Rosmarin gegen die Frühjahrsmüdigkeit

Das ätherische Öl des Rosmarins gilt als eines der am stärksten anregenden ätherischen Öle. Diese Tatsache können wir uns durch die Zubereitung eines Rosmarintees zu Nutze machen. Der sehr ausgeprägte kampferartige Geschmack ist allerdings nicht jedermanns Sache, deshalb empfehle ich als Kräuterhexe, eine Prise Rosmarinnadeln pro Tasse einer bevorzugten Hausteemischung zuzusetzen, um einem Morgenmuffel in den Tag zu helfen.

Erfrischende Powermischung

Eine weitere Teemischung gegen Frühjahrsmüdigkeit ist die Kombination von Grünem Tee mit Pfefferminze. Dazu gibt man je eine Prise vom Grünen Tee und eine Prise Pfefferminztee pro Tasse in einen Teefilter oder in ein Tee-Ei und lässt diese Mischung drei Minuten in warmem, nicht kochendem Wasser ziehen. Diese Zeit sollte man unbedingt einhalten, da der Tee bei längerer Einwirkzeit bitter wird.

Fenchelsamen bringen auf Trab

Wenn Sie, je nach Ernährungsgewohnheiten, zu Blähungen und Verdauungsstörungen neigen, die übrigens ebenfalls „müde“ machen können, ist ein Zusatz von gestoßenen Fenchelsamen ratsam.

Damit die Powermischung nicht bitter wird ...

Den Geschmack von Fenchel kennt bereits jedes Kleinkind als Bauchwehtee.

Salat & Co. machen munter

Die Ernährung sollte ebenfalls in die Behandlung der Frühjahrsmüdigkeit miteinbezogen werden. Zu empfehlen ist alles Grüne wie Porree, Endivien-, Feld- und Kopfsalat, ergänzt mit frischen Karotten und Roter Bete. Die ersten grünen Wildkräuter wie Löwenzahn, Spitzwegerich, Brennnessel, Winterkresse, Brunnenkresse, Gänseblümchen und einige Blätter der Schlüsselblume, mit Bärlauch, Schnittlauch oder Petersilie zu einem grünen „wilden" Kräutersüppchen gekocht, sind ebenfalls dazu geeignet, die Lebensgeister neu zu wecken.

Wildkräutersalat – nicht ganz so wild

Sie brauchen einen Kopf- oder Endiviensalat, eine Zwiebel, eine Salatgurke, ein Bund Radieschen, eine Hand voll Kräuter wie Gänseblümchen, Bärlauch, Schnittlauch, Pimpinelle, Kresse, Sauerampfer, einige Blättchen junger Schafgarbe, Veilchenblüten und junge Löwenzahnblätter. Essig, Olivenöl, Sahne, Pfeffer aus der Mühle und Meersalz.

Alle Salatzutaten gut waschen und abtropfen lassen. Blätter grob zerpflücken, Zwiebel in Würfel schneiden. Salatgurke und Radieschen mit Hilfe eines Zwiebelhobels in Scheiben schneiden. Die Kräuter gründlich heiß abwaschen und fein wiegen oder hacken und unter den Salat mischen. Aus drei Esslöffeln Essig, zwei Esslöffeln Wasser, drei Esslöffeln Olivenöl und zwei Esslöffeln süßer Sahne eine Soße rühren und mit Pfeffer und Salz abschmecken.

Heilsteine gegen Frühjahrsmüdigkeit

Geeignet sind hier der Rote Jaspis und das Tigereisen. Beide Steine haben eine generell anregende und durchblutungsfördernde Wirkung. Der Rote Jaspis regt zudem den Stoffwechsel an, während das Tigereisen den Eisengehalt des Blutes verbessert – man wird aktiver.

Erfrischender Frühlingssalat mit jungen Blättern von Wildkräutern, Kopfsalat und Radieschen, dazu eine Kräutersauce mit Melisse, Schnittlauch und Kerbel

Spinnen können bei manchen Menschen Angstzustände auslösen.

Ängste und Depressionen

Symptome richtig deuten

Schneller Puls, hektischer Atem, feuchte Hände, kalte Füße, Schweißausbruch, trockener Mund mit Kloß im Hals, Magen- und Darmkrämpfe und Zittern. Das alles sind Symptome, die jeder von uns schon einmal erlebt hat. Zumindest teilweise. Es sind die Symptome einer uralten menschlichen Eigenschaft, nämlich der Angst.

Es gibt aber auch noch eine andere Form der Angst. Eine Angst, die in keinem Verhältnis mehr zum Auslöser steht, in manchen Fällen fehlt dieser sogar ganz. Man spricht in diesem Fall von einer Angststörung. Berühmtberüchtigt ist die Platzangst, die Höhenangst und die Angst vor Tieren, obwohl sie einem nichts zu Leide tun können (zum Beispiel Hunde, Spinnen, Katzen).

Die körperlichen Symptome der Angst, wie ich sie bereits beschrieben habe, können in einer Situation vorkommen, die überhaupt keine Veranlassung dazu gibt. Man hat das Gefühl, keine Luft mehr zu bekommen. Rasender Puls, Herzjagen, kurzer, heftiger Atem und Schweißausbrüche verstärken die Panikgefühle, indem man glaubt, sie als Warnsignale des Körpers interpretieren zu müssen.

Um aus diesem dann entstehenden Teufelskreis, nämlich der Angst vor der Angst, wieder herauszukommen, gibt es nur die eine Möglichkeit: Man muss sich der Angst stellen.

Das klingt freilich leichter, als es ist. Sich selbst „stark" zu machen, bedeutet in diesem Fall, sich auf die Angst machende Situation gedanklich einzustellen und sie auf Dauer als selbstverständlich hinzunehmen.

Scheuen Sie sich nicht, die Hilfe eines Fachmannes hinzuzuziehen. Sie sind deswegen nicht verrückt, sondern es ist oftmals die einzige Möglichkeit der Problemlösung.

Lassen Sie sich nicht von Ihrer Familie oder Umgebung irritieren

Es ist erwiesen, dass ängstliche Menschen oft aus eben solchen Familien kommen, oder aus Familien, in denen starker Druck ausgeübt wurde. In solch einem Umfeld ist es unmöglich, ein gesundes Selbstvertrauen zu entwickeln. Das ist aber der beste Schutz vor Angststörungen. Scheuen Sie sich also nicht, mit dieser Erkenntnis im Hintergrund, zu Ihrem eigenen Vorteil einige „offene Rechnungen" innerhalb der Familie zu begleichen.

Angst vor dem Tod

Der Tod gehört zum Leben und zum Leben gehört der Tod. Eine alte Weisheit, die in unserem Kulturkreis aber meistens ta-

Symbole für Leben und Tod: der Walnussbaum in voller Pracht und ein Kreuz aus Stein

buisiert oder einfach vergessen wird. Aber dieser Sachverhalt ist nun einmal nicht wegzudiskutieren, und es wäre sicherlich heilsam, wenn wir es schaffen könnten, diesen Fall als eine Art Selbstverständlichkeit hinzunehmen, das heißt, ihn gedanklich bereits im Vorfeld zu bewältigen.
Als naturverbundene und gläubige Kräuterhexe, das ist übrigens kein Widerspruch, bin ich davon überzeugt, dass der Tod nicht das Ende ist. Mit dieser Geisteshaltung ist es sicherlich einfacher, mit diesem heiklen Thema umzugehen.
Ob wir unser Leben sinnvoll und positiv gestalten, uns an unseren täglichen Aufgaben, ob leicht oder schwer, erfreuen

„Mach es wie die Sonnenuhr, zähl die heiteren Stunden nur."

können und uns annehmen, wie wir nun einmal sind, ist auch maßgeblich dafür, ob wir krank werden oder nicht. Eine innere Zufriedenheit und Harmonie kann uns selbst im Krankheitsfall helfen, diesem positive Seiten abzugewinnen und wieder gesund zu werden.
Warum soll es nicht auch möglich sein, in Bezug auf den Tod eine positive oder zumindest keine angstbelastete Einstellung zu bekommen. Sicherlich, tot oder krank sein ist ein Unterschied, aber man stirbt psychisch gesehen leichter, wenn man von sich bereits im Leben sagen kann: „Ich habe gelebt!"

Trauer als Hilfe für die Zurückgebliebenen

Wenn ein Mensch stirbt, hinterlässt er eine Lücke, aber auch die Botschaft und den Sinn seines Lebens, aus welchem die noch Lebenden lernen sollen und können. Wenn jemand plötzlich nicht mehr da ist, ist es zunächst ein Verlust, den wir mit der Hilfe des Trauerns bewältigen müssen. Aus dem Leben des Menschen jedoch, das mit dem Tod, aus der physischen Sicht, beendet ist, wird eine Botschaft an uns gerichtet, daraus zu lernen. „Nur wer vergessen wird, ist wirklich tot." Ein Trost spendender Spruch, sowohl für die Lebenden wie auch für die Toten.

Erschöpfung – „Burnout-Syndrom"

Eine Hauptkrankheit der modernen Zivilisation, ist eine mehr oder weniger große Erschöpfung der Menschen. Damit ist die körperliche Erschöpfung nach einer anstrengenden Tätigkeit gemeint, die normalerweise nach einer Ruhe- oder Schlafphase wieder verschwindet, wie ich sie mir auch tatsächlich gönne.
Es gibt sicherlich Ausnahmesituationen, die ein „Durchmachen" erfordern, aber es sollte so selten wie möglich passieren. Ansonsten ist es nur eine Frage der Zeit, wann sich Ihr Körper gegen diese ungesunde Lebensweise wehren wird. Die chronische Erschöpfung ist eine Variante der Krankheiten, die sich nach einem Raubbau an unserem Organismus einstellen können. Raubbau ist es zum Beispiel, ständig den Schlaf zu verkürzen oder

Bringt den Kreislauf in Schwung – Schneemannbauen im Winter

ganz zu vertreiben. Irgendwann verschwindet er dann tatsächlich.
Zuviel Arbeit, ohne zwischendurch einmal „abschalten" zu können, wird sich mit einer dauerhaften Müdigkeit bemerkbar machen. Die Leistungsfähigkeit nimmt demzufolge ebenfalls ab.
Was soll oder muss nicht alles an einem Tag erledigt werden? Überhaupt sind Tage, Wochen, Monate und Jahre viel zu kurz! Bei dieser Einstellung brauchen wir uns nun wirklich nicht wundern, wenn wir chronisch erschöpft sind.

Die Signale des Körpers erkennen

Der erste Schritt zur Besserung besteht darin, auf unseren Körper zu hören, unseren Lebenslauf neu zu überdenken und wenn möglich neu zu gestalten. Gönnen Sie sich den Luxus der Ruhe und zwar ohne Fernseher oder sonstige Ablenkungen. Planen Sie bewusst Pausen ein, sowohl im täglichen Ablauf wie auch in der Jahresplanung. Ganz wichtig ist dabei das „gute Gewissen". Eine Pause oder ein Urlaub hat nur dann einen Sinn, wenn Sie „abschalten" können und nicht immer meinen, ohne Sie ginge es nun wirklich nicht.
Kommen Sie zur Besinnung, und zwar im wahrsten Sinne des Wortes, um Abstand von Zuhause und Beruf zu gewinnen.

Damit die Krisenbewältigung nicht zur Krise wird

Fühlen Sie sich in einer vermeintlich ausweglosen Situation, zum Beispiel bei ei-

Manchmal müssen die Aktenberge warten ...

Manch reinigendes Gewitter wirkt Wunder.

nem Familienstreit, der nur durch einen „Befreiungsschlag“ beendet werden kann, so spricht man von einer Krise. Krisen entstehen durch die Ansammlung von vielen kleinen Unzufriedenheiten, die nicht geklärt wurden. Krisen sind demnach kein Schicksalsschlag.

Im Zustand der Erschöpfung sind Krisen wesentlich häufiger, weil der körperliche Zustand sich auch auf die Psyche auswirkt. Nervosität, Gereiztheit, Wut, Trauer, Verzweiflung und zum Teil auch Entscheidungsunfähigkeit sind die Zeichen hierfür. In einem solchen Fall ist das Abreagieren eine erste Maßnahme, um wieder ins Lot zu kommen. Das kann physisch oder psychisch geschehen.

Schließen Sie zunächst einen „Waffenstillstand“, indem Sie sich vorstellen, mit den Argumenten Ihres Gegenübers sich selbst zu antworten. Das klingt zwar merkwürdig, aber man sieht sich dann selbst in einem anderen Licht.

Für das Gegenüber ist es schlimm, für Sie selbst aber durchaus heilsam, wenn Sie die „Reibungsfläche“ dadurch verringern, dass Sie zwischen sich und dem Gegner eine mentale Jalousie herunterlassen, was allerdings voraussetzt, dass Sie auch innerlich damit abgeschlossen haben. Wenn sich die Wogen dann etwas geglättet haben, kann man die Sache in Ruhe noch einmal angehen und Entscheidungen treffen.

Eine ganz besondere Art, mit den Dingen umzugehen, ist im ersten Moment vielleicht schwer, aber ungemein heilsam: Das Lachen und sogar ohne Grund! Lachen bedeutet, dem Leben immer noch seine angenehmen Seiten abzugewinnen.

Depression und depressive Verstimmung

Eine depressive Verstimmung, unter der wohl fast jeder einmal gelitten hat oder leidet, hat nur wenig mit dem Krankheitsbild der echten Depression zu tun, die übrigens nur durch fachärztliche Behandlung zu heilen ist. Die depressive Verstimmung macht sich bemerkbar durch ein Gefühl der Kraft- und Machtlosigkeit, durch Müdigkeit, Verzweiflung, Angst und Lustlosigkeit. Man fühlt sich wie in einem schwarzen Loch, und selbst optimale Außenbedingungen, wie intakte finanzielle und familiäre Verhältnisse oder ein großer Freundeskreis, sind nicht dazu in der Lage, einen solch leidgeplagten Menschen herauszuholen.

Dass negative Ereignisse wie Arbeitsplatzverlust oder beruflicher Misserfolg, Trennung oder Tod eines Partners oder eines Familienangehörigen zu einer depressiven Verstimmung führen können, ist menschlich und daher auch weitgehendst bekannt.

Eine depressive Verstimmung kann also sowohl äußerliche wie auch innerliche Ursachen haben. Selbst ein angeborener Hang zu Depressionen ist nachgewiesen. Ein depressiv Verstimmter fühlt tief in seinem Inneren Ohnmacht wegen mangelndem Selbstbewusstsein und als Folge daraus ein unbewusstes Zurückweichen vor den anderen. Die „Wut im Bauch" wird zunächst kompensiert, um dann auf der nächsten Stufe in Form einer Resignation das große „schwarze Loch" zu erzeugen. Wenn sich dieses Empfinden über einen längeren Zeitraum erstreckt, mit einem Rückzug aus dem aktiven Alltag verbunden ist, menschliche Kontakte gemieden werden und sich Äußerungen wie „wir verstehen dich nicht mehr" von den nächsten Mitmenschen häufen, ist dringend psychotherapeutische Hilfe notwendig.

Positiv denken – Hilfe bei kurzfristigen Tiefs

Die Passionsblüte in all ihrer Pracht (oben). Die Schalen von Zitronen und Orangen liefern erfrischende Öle (rechts).

Die echte Depression ist relativ selten, viel häufiger kommen so genannte vorübergehende „Tiefs" vor, die dann aber als genauso tragisch empfunden werden.
Es ist wichtig, seinen „inneren Mittelpunkt" wiederzufinden, um diese Situation zu meistern. Um wieder positiv empfinden zu können, ist es ebenfalls wichtig, sich darüber klar zu werden, dass man nicht der Einzige auf der Welt ist, dem es so geht, und dass gelegentliche „Durchhänger" zum Leben gehören.
Versuchen Sie positive Empfindungen mit Hilfe von angenehmen Gedanken, Wünschen und Vorstellungen wiederzuentdecken und, was besonders wichtig ist, planen Sie deren Verwirklichung, selbst wenn es zunächst nur bei der Planung bleibt, und verabschieden Sie sich von Vorstellungen, die unerreichbar sind. Suchen Sie eher nach neuen Ideen, die mit den Ihnen zur Verfügung stehenden Mitteln möglich sind. Dieses kreative Planen und Umsetzen erzeugt ein Gefühl der Selbstbestätigung und Zufriedenheit.

Wenn Sie ein vorübergehendes Tief plagt, lassen Sie einfach Ihre Gedanken schweifen.

Mit Tee und Duft gegen Winterdepression

Bei einer Teemischung gegen Winterdepressionen spielt natürlich das Johanniskraut mit seiner harmonisierenden und

Ein aufmunternder Wintertee an trüben Tagen kann nicht schaden.

stimmungsaufhellenden Wirkung die Hauptrolle überhaupt. Auch hier sind ergänzende Kräuter wie Rosmarin, Zitronengras, Melisse und Blüten von Römischer Kamille aus geschmacklichen und gesundheitsförderlichen Gründen zu empfehlen.

Treten im Zusammenhang mit der depressiven Verstimmung Schlafstörungen, Ängste und eine bestimmte Form von innerer Unruhe auf, sind Heilkräuter wie Weißdorn, Melisse, Baldrian und Passionsblume die richtigen Mischungspartner. Das Mischungsverhältnis zu gleichen Teilen ist wie bei anderen Mischungen auch hier möglich, jedoch mit zwei Ausnahmen: Baldrian und Rosmarin nur zur Hälfte und Johanniskraut mindestens zu zwei Teilen zusetzen.

Wenn es Sie ganz schlimm im Winter „erwischt" hat, verdunsten Sie dazu in einer Aromalampe fünf bis acht Tropfen der folgenden ätherischen Öle: Zitrone, Grapefruit, Rose, Bergamotte und Ylang-Ylang.

Während Sie nun genüsslich Ihren Tee trinken und sich dabei von den Düften verzaubern lassen, denken Sie daran, dass alles Schlimme wieder vorübergeht. Und wenn Ihnen danach zumute ist, lassen Sie sich einfach einmal „hängen", gleichgültig, was Ihr Umfeld an vermeintlich guten Ratschlägen auch zu bieten hat.

Ausgleichender Antidepressionstee

Auf 100g berechnet, brauchen Sie 20g Zitronenmelisse, 40g Johanniskraut, jeweils 10g Baldrian und Rosmarin und 20g Weißdornblüten (alles trocken). Man nimmt pro Tasse einen Teelöffel dieser Kräutermischung, übergießt mit kochendem Wasser und lässt das Ganze fünf Minuten ziehen. Solch ein Antidepressionstee kann im Winterhalbjahr über mehrere Wochen bis Monate ein- bis zweimal täglich getrunken werden. Für eine Therapie mit diesem Tee ist generell eine längere Anwendungszeit notwendig.

Genießen Sie jeden Sonnenstrahl an einem schönen Wintertag.

Warum nicht mal Ferien planen?

Dann wäre da noch die Urlaubsplanung zu erwähnen, welche ebenfalls dazu geeignet ist, die dunkle Jahreszeit zu überlisten. Es muss nicht immer der große Jahresurlaub sein; auch kleine Ausflüge im beginnenden Frühling und deren Planung sind sehr heilsam. Nicht unterschätzen sollte man Winter- und Vorfrühlingsspaziergänge. Es ist einmal die frische Luft, die gut tut, und als zweites die Beobachtung zu machen, dass sich auch in der Natur nach einer Ruhepause wieder neues Leben ankündigt. Besuchen Sie Blumenausstellungen und erfreuen Sie sich an den Farben und dem Duft der ersten Frühlingsboten.

Farbenfrohe Blumensträuße bringen Schwung in die Wohnung

Ein Blumenstrauß für Ihre Wohnung kostet vielleicht ein paar Mark mehr als im Sommer, aber der Nutzen für Ihr Wohlbefinden ist in Geld nicht auszudrücken und lohnt daher allemal. – Apropos Wohnung: Gibt es da nicht auch einiges neu zu überdenken und zu ordnen?

Wer träumt nicht von einem Urlaub am Meer ...

Hyazinthen bringen Farbe und Düfte in die Wohnung.

Kräuter, die bei depressiven Verstimmungen helfen

- Baldrian (siehe Seite 129)
- Johanniskraut (siehe Seite 138)
- Lavendel (siehe Seite 140)
- Rosmarin (siehe Seite 144)
- Zimt (siehe Seite 148)

Heilsteine gegen Angst und depressive Verstimmung

Chiasolith: Dieser auch als Kreuzstein benannte Heilstein wirkt seelisch stark beruhigend bei Nervosität, Ängsten und Schuldgefühlen und hilft besonders gegen die Angst, verrückt zu werden. Er hilft auch bei Schwächezuständen.

Diamant: Der Name leitet sich vom griechischen „Adamas" ab, was „unbezwingbar" bedeutet. Das sagt eigentlich schon alles. Er hilft demnach Angst, Depressionen und das Gefühl der Sinnlosigkeit zu überwinden. Diamant fördert die Fähigkeit, klare Entscheidungen zu treffen und Probleme sowie Aufgaben zu lösen. Bei vielen Menschen reicht bereits der Anblick eines als Geschenk überreichten „Einkaräters", um zumindest für den Moment in Glücksgefühle auszubrechen!

Larimar: Ein Urlaubsstein aus der Dominikanischen Republik. Er hilft Angst und Leid aufzulösen, löst Energieblockaden und regt die Gehirntätigkeit an. Er bringt innere Ruhe, löst Opferhaltungen und Leidensphilosophien auf.

Saphir: Der Stein gegen Depressionen, psychische Erkrankungen und Wahnvorstellungen. Er fördert den geistigen Entschluss zur Gesundung und unterstützt damit alle Heilungsprozesse.

Sonnenstein: Der klassische „Pessimistenstein". Er erinnert äußerlich an die Strahlen der Sonne. Seine Wirkung wird als stimmungsaufhellend und antidepressiv bezeichnet. Er bringt die Lebensfreude zurück, fördert Optimismus und Tatendrang und harmonisiert einen aus dem Lot geratenen Organismus.

Obsidian: Er wirkt belebend, löst Schocks, Angst und Traumatisierungen auf. Schmerzen und Verspannungen werden gelindert und die Durchblutung angeregt.

1 Sonnenstein, 2 + 4 Chiastolith, 3 Obsidian

Mein Kräuterhexen-lexikon

Beim Ackerschachtelhalm handelt es sich um eine der ältesten Pflanzen überhaupt.

Der Anis gehört zur Familie der Doldenblütler.

Die wichtigsten Wohlfühlkräuter

Geordnet nach deutschen Pflanzennamen

Ich möchte Ihnen einige bekannte und weniger bekannte Kräuter vorstellen, die ich meistens verwende und empfehle, wenn das Wohlbefinden zu wünschen übrig lässt.

Ackerschachtelhalm

Bei einem Spaziergang über die sommerlichen Felder trifft man hin und wieder auf größere Ackerflächen, die mit einem merkwürdig aussehenden Kraut überwuchert sind. Der Ackerschachtelhalm oder auch Zinnkraut erinnert mit seinen quirlständigen Trieben an einen Pferdeschwanz. Mit seinen tiefreichenden Wurzelstöcken – ein Alptraum für jeden Gärtner – ist dieses Kraut jedoch von sehr großem gesundheitlichen Nutzen. Bei Nieren- und Harnwegserkrankungen, Anämie, Wundgeschwüren und Drüsenschwellungen wird Schachtelhalmtee heute wieder mehr empfohlen. Ich verwende dieses Kraut in meinen Teemischungen auch gegen Gicht und Rheuma.

Anisfrüchte

Anis ist als Gewürz schon seit Urzeiten bekannt. Verwendet werden die Früchte. Sie enthalten einen hohen Anteil ätherischer Öle. Diese wirken krampflösend, hustenlindernd und heilend. Ich verwende Anis auch häufig, um Teemischungen zu „aromatisieren“. Wichtig ist, dass die Anisfrüchte unmittelbar vor dem Ge-

brauch angestoßen werden – am besten mit einem Stößel in einem Mörser.
Das hat zwei Vorteile: Erstens wird das heilkräftige ätherische Öl erst auf diese Weise freigesetzt und kann sofort wirken, denn sonst müssten die Früchte gekocht werden. Der zweite Vorteil besteht darin, dass man nur eine Prise Anisfrüchte für eine Tasse Tee benötigt.

Baldrian

Diese Pflanze, auch Mondwurzel oder Katzenkraut genannt, ist eine weit verbreitete einheimische Staude und meistens an Waldrändern zu finden. Die beruhigende und entspannende Wirkung des Baldrians haben viele unter uns bereits kennen gelernt. Auch sein Geruch, von Katzen über alles geliebt, ist den meisten Menschen bekannt. Das Aroma entsteht bei der Trocknung der Wurzel. Sie wird im frischen, gereinigten Zustand kleingeschnitten und an einem warmen Ort getrocknet.

Bärlauch und Knoblauchsrauke

Meine Lieblingsküchenkräuter aus der „Wildnis“ sind Bärlauch (Foto siehe auf der Seite 51) und Knoblauchsrauke.
Knoblauchgeschmack ist zwar nicht jedermanns Sache, aber trotzdem gesund, denn Bärlauch enthält die Hauptwirkstoffe des Knoblauchs in sich, das Allicin und zusätzlich, wer hätte das gedacht, hormonartige Substanzen, die den männlichen und weiblichen Sexualhormonen ähneln. Knoblauchsrauke enthält Senfölglykoside.
Das Aroma des Bärlauchs und der Knoblauchsrauke befindet sich in den Blättern. Diese werden kleingeschnitten und dann Suppen, Salaten und Soßen beigegeben. Beide Kräuter wirken zudem auf unsere Gesundheit antibakteriell, antibiotisch, blutdrucksenkend und durchblutungsfördernd. Dadurch wird die Verkalkung und auch die Verengung der Blutgefäße verhindert.

Nach dem Ausgraben wasche ich die Baldrianwurzeln (unten rechts) unter fließendem Wasser und lege sie dann zum Trocknen der Oberfläche aus.

Eine mit Bändern geschmückte Birke wird in vielen Orten als Maibaum aufgestellt.

Basilikum

Basilikum, auch Königskraut, Suppenbasil, Nelkenbasilie und Krampfkräutel genannt, ist ein wertvolles Kräutlein. Das sehr wärmebedürftige und witterungsempfindliche Kraut gibt es inzwischen zwar auch in abgehärteter Form als Gartenpflanze, nach meinen eigenen Erfahrungen handelt es sich um ein hervorragendes Schneckenfutter. Bei der Kräuterhexe gibt es Basilikum deshalb nur in Töpfen. In einem Topf von etwa 12 cm Durchmesser können gut drei bis vier Pflanzen untergebracht werden. Die Töpfe stelle ich auf der Südseite geschützt vor Wind, Wetter und Schnecken nach draußen. Erwähnt sei noch, dass Basilikumtee hervorragend gegen Blähungen, schwachen Magen und Appetitmangel hilft. Mit Kompressen rückt man Hautkrankheiten zu Leibe.

Birkenblätter

Frische oder getrocknete Birkenblätter, als Tee getrunken, wirken stark wassertreibend und desinfizierend. Besonders für das Anfangsstadium einer Blasenentzündung ist dieser Tee zu empfehlen.

Blutwurzel

Ich werde immer wieder auf die gute alte Blutwurzel angesprochen. Diese Pflanze war offensichtlich für viele Generationen das Mittel der Wahl bei Bauchgrimmen und Durchfall. Sie war beliebt als gerbstoffhaltige Droge zur äußerlichen Anwendung bei Hämorrhoiden und wunder Haut, selbst als Heilmittel bei Halsentzündung, Mundgeschwüren und Zahnfleischbluten.

Bohnenkraut

In unseren Gärten wachsen zwei Arten des Bohnenkrautes: das einjährige Sommerbohnenkraut und das mehrjährige Bergbohnenkraut. Beide Arten haben die gleiche

Frische Birkenblätter zupfe ich, wenn ich mal keinen Blasen- und Nierentee im Haus habe, und bereite mir einen Tee daraus.

medizinische Wirkung, sie sind blähungstreibend und verdauungsfördernd, speziell nach dem Verzehr von Hülsenfrüchten und anderen „deftigen" Gerichten.

Brennnessel

Die allseits bekannte „Dame mit dem unvergesslichen Händedruck" ist ein wassertreibendes Kraut, das häufig bei der Blutreinigungskur im Frühjahr zum Einsatz kommt. Heute kennt man die nierenreizende Wirkung der Heilpflanze, was bedeutet, dass sie nur bei einer gesunden Nierenfunktion angewendet werden darf, da der Tee sonst zu einer Verschlimmerung der Erkrankung führen kann. Brennnesseln werden meistens aus Wildbeständen geerntet. Während des Wässerns oder Trocknens brechen die Brennhaare ab, so dass wir nicht befürchten müssen, uns mit einem Brennnesseltee den Rachen zu verbrennen.

Wenn ich Brennnesseln ernte, schütze ich meine Hände stets mit Handschuhen.

Echtes Labkraut

Das Echte Labkraut wächst in heckenreichen, warmen Trockenrasengesellschaften. Labkräuter stellen eine große Familie, die – wie der Name schon sagt – Milch zum Gerinnen bringen und – wie genial! – auch gleichzeitig zum Färben geeignet sind. Labkräuter sind also auch Färbekräuter, wobei beim Echten Labkraut mit den Wurzeln rot und mit den Blüten gelb gefärbt wird. Als Blasen- und Nierentee verschafft es Linderung bei Infekten an diesen beiden Organen.
Ich verwende das Echte Labkraut unter anderem, um Eier zu färben.

Die Blutwurz besitzt einen kräftigen, innen rot gefärbten Wurzelstock.

Auch die Bluttröpfchen schwärmen für das Echte Labkraut.

Eibischwurzel

Eibisch gehört zu den Malven oder Stockrosen. Alle Malvenarten haben einen hohen Anteil an Schleimstoffen. Diese Schleimstoffe befinden sich sowohl im oberirdischen als auch im unterirdischen Teil der Pflanze. Gerade die Eibischwurzel zeichnet sich einerseits durch einen besonders hohen Schleimstoffgehalt aus und schmeckt darüber hinaus auch noch besonders gut. Die Wurzelteile dieser Pflanze werden in einem entsprechenden Zerkleinerungsgrad in einigen Hustenteemischungen eingesetzt, sie sollten aber bei einem zähen und trockenen Husten pur angewendet werden. Man weicht dazu die Eibischwurzelstücke etwa acht Stunden in kaltem Wasser ein. Danach seiht man ab und erwärmt auf Trinktemperatur. Mit Honig gesüßt ist dies ein wohlschmeckender Hustenlöser.

Erdrauchtee kann man über mehrere Wochen trinken.

Eibisch ist eine Staude, die im Garten angebaut werden muss.

Erdrauch

In Weinbergnähe habe ich vor längerer Zeit ein Kraut entdeckt, das mir bis dahin völlig fremd war. Die deutsche Bezeichnung ist Erdrauch. Nach altem Glauben aus der Erde entstanden, handelt es sich hierbei um ein Kraut mit reinigenden Eigenschaften. Als leichtes Abführmittel erfüllt es außerdem eine regulierende Auf-

Fenchelsamen zerdrücke ich am liebsten mit dem Messerrücken.

gabe, wirkt auf die Galle und hilft bei Gallenkoliken und -schmerzen. Äußerlich angewandt, dient Erdrauch zur Behandlung von Ekzemen und Milchschorf bei Kleinkindern. Pur getrunken, entwickelt er bei Anwendung von mehr als acht Tagen schlafmittelähnliche Wirkung.

Essigrose

Die Essigrose (Foto siehe Seite 77), auch Apothekerrose, ist eine der ältesten Gartenrosen, die seit jeher in Küche, Medizin und Kosmetik genutzt wurde. Rosenhonig, Rosenblütenkuchen, Marmeladen, Wein und Konfekt sowie Puder und Öl waren früher sehr beliebte Rezepturen. Allesamt wurden sie aus den Rosenblüten hergestellt.
Auch ihre Früchte, die Hagebutten, dienen schon seit Jahrtausenden als Wildfrüchte. Sie besitzen einen hohen Vitamin-C-Gehalt und mobilisieren dadurch Körperabwehrkräfte gegen Erkältung, Grippe, Skorbut und Ruhr. Grundsätzlich sind alle Hagebuttensorten verwendbar.

Fenchel

Das klassische Bauchwehkraut schlechthin eignet sich nicht nur für kolikgequälte Kleinkinder, sondern durchaus auch für Magen- und Darmprobleme der Erwachsenen. Fenchel ist eine Gartenstaude. Fenchelfrüchte riechen süßlich und etwas nach Anis, ebenso die feinen Blättchen, welche ebenfalls geerntet werden können. Fenchelblätter und -stiele würzen Soßen und Fischsud. Die Früchte sollten unbedingt vor der Verwendung in einem Mörser oder ähnlichem angestoßen werden, denn dann kann das ätherische Fenchelöl schneller und besser seine Heilwirkung entfalten. Außerdem benötigen Sie dann nur die Hälfte der vorgeschriebenen Menge für einen gut schmeckenden Fencheltee.

Von Juli bis Oktober zieren den mehrjährigen Fenchel kleine gelbe Blüten.

Die oberirdischen Teile des Gewöhnlichen Frauenmantels verwende ich als Tee.

Der Garten-Thymian duftet sehr stark und würzig.

Frauenmantel

Als typisches „Frauenkräutlein" im wahrsten Sinne des Wortes ist das Frauenmantelkraut zu erwähnen. Lange Zeit bei allen Frauenleiden hochgepriesen, dann als unwirksam verschmäht und heute wieder zu neuen Ehren gelangt, stelle ich eine steigende Nachfrage nach diesem Kräutlein fest.
Die heilsame Wirkung bei Regelschmerzen, Prämenstruellem Syndrom und zur Unterstützung bei den Wechseljahresbeschwerden ist nachgewiesen. Nur die wildwachsende Form des Frauenmantels besitzt jedoch heilende Inhaltsstoffe. Die in Staudengärtnereien angebotene große Zuchtform ist wertlos.

Gänseblümchen

Das Gänseblümchen ist wohl eine der bekanntesten Frühlingsblumen. Es wird auch Regenblume genannt, denn bei bevorstehendem Regen- oder Schlechtwetter bleiben die Blüten geschlossen und neigen sich der Erde zu.
Aber so klein und bescheiden dieses Gänseblümchen auch aussieht, es ist von hervorragendem Nutzen für unseren Körper – besonders im Frühjahr. Es wirkt auf Grund seiner Inhaltsstoffe stoffwechselanregend, aber auch krampf- und hustenlösend, also gerade für die Frühjahrskur besonders zu empfehlen. Zwar gibt es einen Gänseblümchentee, wesentlich interessanter und schmackhafter ist jedoch das Gänseblümchen als frische Pflanze in einem Salat zu genießen.

Garten-Thymian

Hätten Sie gedacht, dass unser altbewährter Thymian auf eine vieltausendjährige Karriere zurückblicken kann? Bereits die Ägypter, Griechen und Römer benutzten

Die Gewöhnliche Goldrute ist ein typisches Herbstkraut.

Der Hauhechel wurde von den Griechen als „Eselskraut" bezeichnet.

diese stark würzig riechende und schmeckende Pflanze. Thymian ist neben dem Salbei eines der wichtigsten desinfizierenden und heilenden Kräuter. Eine Gurgelmischung, bestehend aus 10 Tropfen ätherischem Thymianöl und 10 Tropfen ätherischem Salbeiöl mit einem halben Glas Wasser verdünnt, kann Bakterien im Hals-Rachenraum in Sekundenschnelle abtöten.

Gewöhnliche Goldrute

In den Monaten September und Oktober blüht sie mit voller Pracht. Es ist verblüffend, aber aufgrund ihrer Heilwirkung ist sie offensichtlich das Heilkraut der im Sternzeichen der Waage Geborenen. Nieren und Blase sind die Organe, denen die Heilwirkung der Goldrute entspricht. Sie ist ein hervorragendes Wundkraut für die Haut und hat darüberhinaus die Eigenschaft, Leber und Niere anzuregen, um die „Abfallstoffe" auszuscheiden und gilt daher auch als wirksam bei Blasensteinen und darf deshalb in keinem Blasen- und Nierentee fehlen.

Als reiner Goldrutentee hat sich dieses Kraut sehr nützlich gegen Wasserstauungen erwiesen. Wer Tee nicht mag, dem sei empfohlen, Goldrute in Wein kurz auszukochen, abzuseihen und einzunehmen. Die Wirkung ist dieselbe.

Hauhechel

Wenn Ihnen am Wegesrand einmal ein niedrig wachsender, mit Stacheln versehener und rosa blühender „Ginster" auffällt, so handelt es sich mit Sicherheit um den Hauhechel. Es ist ein mild wassertreibendes und blutreinigendes Mittel. Verwendet wird die Wurzel, deren Ernte sich jedoch sehr mühsam gestaltet. Hauhechelwurzeln gibt es jedoch auch in Apotheken zu kaufen.

Heiligenkraut

Heiligenkraut wächst als niederer Strauch. Die gelben Blütenköpfchen, die in ihrem Aussehen an den Rainfarn erinnern, erscheinen von Juli bis August, sofern die Pflanze nach einer Neuanpflanzung den Winter überstanden hat. Für mich sind diese gelben Blüten, die sich übrigens hervorragend trocknen lassen, ein sehr wichtiger Bestandteil in der Trockenbinderei. Als Heilpflanze diente Heiligenkraut früher dazu, Eingeweidewürmer auszutreiben und zur Schmerzlinderung bei Insektenstichen. Heute wird es lediglich noch zur Herstellung von Mottensäckchen verwendet, denn der würzig-aromatische Duft wird von Ungeziefer aller Art gemieden.

Das Hirtentäschelkraut besitzt dreieckig-herzförmige Früchte.

Hirtentäschel

Das Kraut wird bei Beschwerden im Zusammenhang mit der Periodenblutung als Bestandteil einer blutungsstillenden, krampf- und schmerzlösenden Teemischung verwendet.

Von einer Wildsammlung des Hirtentäschels rate ich jedoch ab, da es bevorzugt auf gedüngten und gespritzten Böden vorkommt, und die Konzentration der heilenden Inhaltsstoffe zudem extrem schwankt. Es ist daher sinnvoll, sich dieses Kraut in der Apotheke zu besorgen.

Zum Schutz vor Motten fülle ich kleine Stoffsäckchen mit den Blüten des Heiligenkrautes (siehe auch links).

Hohe Schlüsselblume

Weniger zum Essen als vielmehr zum Trinken ist der Tee aus der Schlüsselblume geeignet. Aus dem Himmelsschlüsselchen kann man einen wunderbaren Hustentee brauen, Schlüsselblumenhonig gewinnen oder Likör ansetzen – je nach Bedarf. Für den Sammler ist es wichtig zu beachten, dass Schlüsselblumen unter Naturschutz stehen und nur aus Kulturen geerntet werden dürfen!

Holunderblüten

Eine der Anwendungen aus der „lebendigen Hausapotheke" ist der Holunderblüten- oder Fliedertee. Die Blütendolden dieses Strauches werden im Mai / Juni geerntet und getrocknet. Ein Tee daraus wirkt schweißtreibend, abführend, wassertreibend und blutreinigend. Er steigert die Abwehrkräfte und eignet sich deshalb auch zur Vorbeugung von Erkältungskrankheiten. Ab und zu ein Tässchen Holunderblütentee kann somit auch als Gesundheitsvorsorge dienen. Wer ihn pur nicht mag, kann jederzeit eine Hauskräutermischung damit anreichern.

Die Blätter, als Öle oder Salbe verarbeitet, wirken schmerzlindernd und zusammenziehend bei Hämorrhoiden und Entzündungen. Seine „Beeren" werden gerne für die Herstellung von köstlich-erfrischenden Naschereien, wie Marmelade, Gelees, Weine, Puddings, süßen Suppen und Kuchen, verwendet. Die grünen Teile des Fruchtstandes und die Kerne sollten allerdings beseitigt werden, da sie durch leichte Giftstoffe Unwohlsein hervorrufen können.

Eher genüssliche Zubereitungen, aber auch nicht ungesund, sind Holundersekt und -limonade.

Die goldgelbe Schlüsselblume wird auch Himmelsschlüssel genannt.

Aus Holunderblüten kann man auch einen prickelnden „Sekt" herstellen.

Johanniskraut – ein echtes Zauberkraut des Sommers

Man erkennt die Blüten der Echten Kamille an den hohen Köpfchen.

Johanniskraut

Dieses goldgelb blühende Kraut der Sommersonnenwende darf in meinem Teeregal nie ausgehen. Immer mehr stressgeplagte, psychisch erschöpfte und sich nervlich am Ende fühlende Menschen jeden Alters, ja sogar Kinder, suchen und finden in der nervenberuhigenden Wirkung Heilung oder zumindest eine Besserung ihrer Beschwerden. Auch leichte Formen der Depression können behandelt werden.

Als Hausmedizin vertrieb das Johanniskraut in Form eines Bauchwehschnapses die bösen Geister einer Magenverstimmung. Das sehr wertvolle Johanniskrautöl mit seiner tiefroten Farbe wirkt als Massageöl bei Rheuma und Nervenschmerzen ebenso gut wie als Mittel der Erste-Hilfe-Behandlung bei Sonnenbrand, kleinen Verbrennungen oder leichten Verletzungen.

Johanniskraut darf nicht bei bekannter Lichtüberempfindlichkeit angewendet werden. Ausgedehnte Sonnenbäder sind zu vermeiden.

Kamille

Mit der guten alten Kamille hat wohl jeder Mensch in unseren Breiten zum Teil schon in frühester Kindheit einmal Bekanntschaft gemacht. Sei es als Tee, als Umschlag, als Bad, Salbe oder als Kamillendampf bei einer starken Erkältung. Kamille hilft bei Entzündungen aller Art, bei Krämpfen und heilt als Inhalat den entzündeten Hals-Rachen-Raum bei einer Erkältung. Als Magentee bei entzündeten Magenschleimhäuten ist ein Kamillentee oft, jedoch nicht bei jedem Menschen zu empfehlen. Die Inhaltsstoffe der Kamille können bei empfindlichen Menschen genau das Gegenteil bewirken, nämlich dass der Magen gereizt wird. In solch einem

Fall sollte man dann auf Schafgarbenblüten oder Pfefferminzblätter zurückgreifen. Absolut ungeeignet sind Kamillenkompressen bei der Behandlung einer Bindehautentzündung am Auge, die auf diese Art und Weise noch verschlimmert wird.

Klatschmohnblüten

Sie kennen vielleicht die beruhigende Wirkung von Mohnsamen. Die beruhigenden Inhaltsstoffe kommen in der ganzen Pflanze verteilt vor, auch in den Blüten. Eine Hustenmischung mit Klatschmohnblüten wirkt daher leicht beruhigend ohne jedoch den Hustenreiz ganz zu unterdrücken. Es ist sinnvoll, ihn entweder im Garten auszusäen oder fertig getrocknete Blüten in der Apotheke zu besorgen. Der Apotheker wird Sie dann auch auf die Höchstdosis aufmerksam machen, denn auch diese ist unbedingt zu berücksichtigen.

Weit in die Ferne leuchten die Blüten des Klatschmohns.

Echter Kümmel

Kümmel

Kümmel wächst häufig auf Wiesen, wobei das dortige Sammeln besser unterlassen werden sollte. Es besteht Verwechslungsgefahr mit giftigen Arten. Kümmel hat ein eigenes Aroma und ist sehr wirksam bei Blähungen und Magenkrämpfen. Er wirkt als Gewürz verdauungsfördernd. Dadurch ist seine Verwendung als Beigabe zu deftigen Gerichten wie Fleisch, Kraut oder Bratkartoffeln zu empfehlen.

Eine durchaus schmackhafte flüssige Variante ist der Kümmelschnaps, auch Aquavit genannt.

Gerne binde ich Lavendelsträuße und verteile diese in der Wohnung – so kann ich den Duft des Sommers einfangen.

Lavendel

Lavendel ist ein sehr bekannter und geliebter Sommerduft, ein Aroma, das aus der Kosmetikindustrie nicht mehr wegzudenken ist, vermittelt er doch Sauberkeit und Frische.

Als Duftsäckchen mit mottenabweisender Wirkung ist Lavendel heutzutage wieder sehr gefragt. Die wenigsten Menschen aber kennen noch die Heilwirkung eines Lavendeltees. Ähnlich dem Johanniskraut wirkt Lavendel gegen innere Unruhe und blankliegende Nerven und ist ebenso heilsam bei Kopfschmerzen. Er ist wichtiger Mischungsbestandteil meines vielgepriesenen Migränetees. Lavendel, als Kompresse angewendet, wirkt gegen Hautunreinheiten, die Herstellung zu Öl – die Basis ist Olivenöl – oder mit Honig zu einem delikaten Süßen verarbeitet, zeigt die große Vielfalt der Lavendelzubereitungsmöglichkeiten.

Ich habe den Eindruck, dass Lavendel, neben Rosmarin und Thymian, in der heutigen Zeit immer mehr als das Kraut mit den „schönsten Urlaubsgefühlen“ empfunden wird. Versuchen Sie deshalb einmal, gerade wenn Sie sich wieder urlaubs-

Die glänzenden Blätter des Liebstöckels schmecken nach Maggiwürze.

Blüten der Winterlinde.

reif fühlen, mit geschlossenen Augen einige Lavendelblüten oder einen Zweig zu zerreiben und den Duft zu inhalieren. Riecht es dann nicht schon ein bisschen nach Mittelmeer? Für den Moment kann das schon helfen. Lavendel kann übrigens in jedem Garten oder Balkonkasten angebaut werden.

Liebstöckel oder Maggikraut

Nach einer kräftig mit Liebstöckelblättern gewürzten Suppe haben Sie vielleicht schon selbst einmal die wassertreibende Wirkung dieses Krautes verspürt. Vermehrt wassertreibende Inhaltsstoffe befinden sich in der Wurzel, so dass diese besonders für die Anwendung einer „Schwäche der Harnwerkzeuge“, wie Pfarrer Künzle sich auszudrücken pflegte, geeignet ist.
Eine Staude dieser Pflanze reicht einer ganzen Familie für Jahre. Sie wird im Garten angepflanzt und sollte über einen längeren Zeitraum ungestört an einer Stelle wachsen können. Die Stängel werden zum Teil bis zu zwei Meter hoch. Teile der faserigen Wurzel können im Herbst geerntet werden.

Lindenblüten

Lindenblütentee hat eine beruhigende und krampflösende Wirkung, wird aber im Zusammenhang mit Erkältungskrankheiten wie auch die Holunderblüten als schweißtreibender Tee eingesetzt.
Die Lindenblüten werden im Juni, kurz nach dem Aufblühen, geerntet und rasch und schonend getrocknet.

Mädesüß wächst häufig an Ufern und Gräben.

Mädesüß oder Spierstaude

Bei schmerzhaften Harnwegsinfektionen kann man sich die sowohl wassertreibende als auch krampf- und schmerzlösende Wirkung dieser Pflanze zunutze machen. Die Harnausscheidung wird beschleunigt, so dass Mädesüß sich auch als entschlackender und blutreinigender Tee empfiehlt. Nicht aufkochen! Mädesüß wächst häufig an Ufern und an Gräben.

Melissenblätter

Sie entfalten ihre wohltuende, beruhigende und krampflösende Wirkung besonders im Fall eines Stressmagens. Ich meine damit vor allem die Kandidaten, denen familiäre oder berufliche Belastungen „auf den Magen schlagen“. Durch ätherische Öle duftet und schmeckt diese Pflanze angenehm nach Zitrone und beruhigt damit überreizte Nerven und Herzbeschwerden, wirkt krampflösend, aufheiternd und schenkt einen entspannten Schlaf. Nicht nur der Tee, sondern auch ein Melissenbad ist herrlich entspannend.

Melisse beruhigt die Nerven.

Blüte und Früchte des Möchspfeffers

Mönchspfeffer

Dieser Strauch aus dem Mittelmeergebiet, auch Keuschlamm genannt, ist eines der wichtigsten „Frauenkräuter“ überhaupt, wobei die Bezeichnung Kraut in diesem Fall etwas irreführend ist. Verwendet werden die Samen, die tatsächlich vom Aussehen her den Pfefferkörnern gleichen. Aufgrund seiner hormonähnlichen Inhaltsstoffe unterstützt und reguliert er die Hypophysenfunktion besonders bezüglich der weiblichen Geschlechtshormone. Mönchspfeffer wird auf Grund seiner progesteronartigen Wirkung bei Beschwerden wie Prämenstruellem Syndrom, schmerzhafter Regel, bei Wechseljahresproblemen und als milchtreibende Substanz bei stillenden Müttern einge-

setzt. Der Einsatz dieser Pflanze ist generell bei allen Frauenleiden zu empfehlen, deren Ursache in einem hormonellen Ungleichgewicht liegt.
Nun nachdem Sie die Hauptwirkung dieses Abrahamstrauches, wie er auch genannt wird, kennen, ist Ihnen vielleicht auch die Bezeichnung „Mönchspfeffer" oder „Keuschlamm" einleuchtend. Man könnte ihn nach heutigem Sprachgebrauch auch als Anti-Viagra-Pflanze bezeichnen, wenn Sie wissen was ich meine.

Pfefferminze

Wenn Ihnen etwas auf den „Magen geschlagen" hat, greifen Sie zu einem Pfefferminztee! Er wirkt krampflösend, blähungstreibend und durch seine ätherischen Öle verdauungsfördernd sowie gegen Übelkeit. Erquickend ist eine kühlende „Pfefferminzdusche" im Sommer, bei der Sie auf einen Esslöffel Duschgel ein bis zwei Tropfen ätherisches Öl zusetzen.
Als erfrischender Eistee im Sommer sollte er dann aus den frischen Blättern zubereitet werden. Sie werden von diesem feinen Aroma überrascht sein. Ich erinnere mich noch oft daran, wie ich als Kind in der Apotheke zur Erfrischung Pfefferminzplätzchen geschenkt bekam. Während meiner Apothekenzeit durfte ich sie kilogrammweise selbst herstellen.
Aufkommende Übelkeit oder Brechreiz kann übrigens mit diesen, von manchen Menschen aufgrund ihres Zuckergehaltes verpönten Plätzchen erfolgreich behandelt werden, denn beides kann durch Unterzucker im Blut oder auf Grund einer Kreislaufschwäche ausgelöst werden.

Pfefferminze – als Gewürz und Magentee

Ringelblumen

Der Kräuterhexensommer ist ohne die kleinen Sonnen im Kräuterbeet unvollkommen. Mit den Gewächsen dieser von mir gewählten Bezeichnung, die neben Lavendel und Ysop noch mehr als sonst zu leuchten scheinen, meine ich nichts anderes als meine geliebten Ringelblumen. Sie gehören zu den uralten Heilpflanzen und wuchsen früher in allen

Die goldgelben Ringelblumen sollten in keinem Garten fehlen.

Gärten. Ihre Verwendung als Salbe bei Wunden und gegen Entzündungen hat in den letzten Jahren wieder enorm an Bedeutung gewonnen. Auch Ringelblumentee – es werden nur die Blüten dazu geerntet – wird mit seiner krampflösenden und blutreinigenden Wirkung mehr und mehr geschätzt. Die getrockneten Kronblätter stellen darüber hinaus eine schöne Schmuckdroge in Potpourris und Teemischungen dar.

Rosmarin

Durch Inhaltsstoffe, wie kampferartige ätherische Öle, Harz, Säure, Gerb- und Bitterstoffe, wirkt Rosmarin anregend auf den Kreislauf und die Nerven. Diese Tatsache macht ihn bei Erschöpfungszuständen, niederem Blutdruck und Abgeschlagenheit zu einem wertvollen Heilkraut. Der Weihrauch-Kampfer-Duft ist wohl die Ursache dafür, dass Rosmarin früher als Zauberkraut galt. Bei religiösen Zeremonien und zur Reinigung der Luft in Krankenzimmern wurde Rosmarin ebenso verwendet wie zur Abwehr von Ungeziefer in Büchern und Kleidung. Wenn man Rosmarinöl in einer Aromalampe verdampfen lässt wirkt Rosmarin effektiver.
Schließlich ist Rosmarin ein Gewürz für Fleisch, Fisch, Gemüse, Suppen und Eintöpfe.

Salbeiblätter

Was wäre ein rechter Husten- oder Erkältungstee ohne Salbei? Nicht viel, denn es würde eine wichtige zusammenziehende und antiseptische Wirkung fehlen. Wenn Sie unangenehme Erinnerungen in Zusammenhang mit Salbei und Angina oder Halsschmerzen haben, so können Sie

Ein blühender Rosmarin duftet grandios.

Tee aus Echtem Salbei sollte man nicht zu lange in hoher Dosierung einnehmen.

Die Gewöhnliche Schafgarbe hat weiße bis rosafarbene Blütchen.

diese durch Thujon, Harz, Gerb- und Bitterstoffe ausgelöste negative Erfahrung umgehen, indem Sie auch hier auf eine Teemischung zurückgreifen.

Schafgarbe

Die Schafgarbe, auf Wiesen verbreitet und am Wegesrand vorkommend, wirkt desinfizierend, krampflösend und entzündungslindernd. Sie gehört wie Fenchel zu den klassischen Bauchwehkräutern. Sie hat ähnliche Inhaltsstoffe wie die Kamille, besitzt aber darüber hinaus noch Bitterstoffe, Gerbstoffe, Harz, Asparagin und Cholin. In der Frauenheilkunde wird sie bei Regelbeschwerden, Unterleibskrämpfen und bei Magen-Darm-Störungen angewendet.
Ich verwende Schafgarbentee mit seinem aromatischen und leicht bitteren Geschmack, welcher unangenehmer klingt, als er schmeckt, in Teemischungen gegen Frauenleiden, besonders bei schmerzhafter Regel. Sitzbäder mit Schafgarbe wirken zusätzlich krampflösend.

Fünf bis zehn Tropfen reines ätherisches Salbeiöl, mit einem halben Glas Wasser verdünnt, ergibt ein äußerst wirksames Gurgelmittel.

Vom Spitzwegerich verwende ich die blühenden oberirdischen Teile.

Spitzwegerichblätter

Manche Kräuter findet man auf der ganzen Welt. Dazu gehören mit Sicherheit alle Wegeriche. Der Spitzwegerich, auch Heilwegerich oder Wundwegerich genannt, ist ein besonders heilkräftiger Vertreter dieser Familie. Die Heilsubstanzen dieses Krautes sind Schleimstoffe, Bitterstoffe, Kieselsäure und Aucubin. Er wirkt daher schleimlösend, wundheilend und antibiotisch. Spitzwegerichtee mit Honig oder ein Spitzwegerichsirup sind ausgezeichnete Hustenmittel, die gehackten oder zerquetschten Blätter ergeben durch die antibiotischen Inhaltsstoffe einen wirkungsvollen Wundumschlag.

Weidenrinde

Schon sehr früh hat man die schmerzlindernde Wirkung der Silberweidenrinde erkannt. Heute kennen wir die chemische Zusammensetzung der Acetylsalicylsäure, die als Vorstufe in eben dieser Rinde vorhanden ist.

Als Kräuterhexe verwende ich nach wie vor das „Uraspirin“ in Form von Weidenrinde in Teemischungen gegen Migräne, Regelbeschwerden oder Rheuma.

Man verwendet die kleingeschnittene Rinde der wildwachsenden Silberweide als Tee, indem man die Rindenstückchen kalt aufsetzt. Das Ganze wird bis zum Siedepunkt erhitzt. Danach lässt man diesen Auszug fünf Minuten ziehen. Weidenrindentee schmeckt etwas bitter, was sich jedoch durch den Zusatz von Pfefferminze, Melisse, Kamille oder Fenchel ausgleichen lässt. Da diese Kräuter ebenfalls schmerzlindernd wirken, kann man auf diese Weise die berühmten „zwei Fliegen mit einer Klappe“ schlagen. Auch bei der Weidenrinde schwankt der Inhaltsstoff je nach Witterung und Bodenbeschaffenheit, so dass es sinnvoll ist, die fertige Droge aus der Apotheke zu besorgen.

Weidenrinde muss kleingeschnitten sein, um ihre schmerzlindernden Inhaltsstoffe entfalten zu können.

Weinraute mit bitter-strengem Geschmack

Wermut wird auch Bitterer Beifuß genannt.

Weinraute

Manchmal werde ich sogar nach einem Aphrodisiakum gefragt. Dann empfehle ich die Weinraute. Sie ist neben Wermut eines der bittersten Kräuter, die nördlich der Alpen wachsen. Weinraute wirkt durch ihre Bitterstoffe krampflösend und sehr beruhigend. Wegen ihrer appetitanregenden Wirkung wird sie gerne in Grappa angesetzt, um sie dann als Aperitif servieren zu können. In großen Mengen allerdings ist sie giftig und sollte deshalb auch in der Küche nur sehr sparsam verwendet werden.

Wermut

Wenn Sie jetzt ein inbrünstiges „Wermut, nein danke!" von sich geben, so bedeutet das auf der einen Seite, dass Sie schon Erfahrung mit dieser Heilpflanze haben, auf der anderen Seite bedeutet es aber, dass es Ihnen offensichtlich gut geht. Als klassisches Bitterkraut entfaltet Wermut seine Heilkräfte bei Beschwerden, die auf zu reichliches und fettes Essen und den damit verbundenen Stauungen im Leber-Gallenbereich zurückzuführen sind. Wenn Ihnen also so übel ist, dass Sie am liebsten „sterben" möchten, ist Wermuttee angesagt. Sie werden feststellen, wenn Sie sich zum ersten Schluck überwunden haben, ist es gar nicht mehr so schlimm und Sie fühlen sich schnell wieder in der Lage, „Bäume ausreißen zu können".

Achtung! So merkwürdig es auch klingt, Wermut gehört zu den abhängig machenden Drogen. Deshalb sollten Sie es bei einer Tasse Tee oder einem Gläschen Wermutwein oder -schnaps belassen. Regelmäßiger Genuss in größeren Mengen kann außerdem zu Gehirnschäden führen.

Wilde Möhre mit weißen Blüten

dass seine nächste Suppe mit wilden Möhren anstatt einer Karotte angesetzt wird.

Zimt

Es klingt vielleicht etwas ungewöhnlich, aber auch Gewürzen wie Zimt, Nelken, Ingwer und Muskat wird eine stimmungsaufhellende Wirkung nachgesagt. Vielleicht liegt es auch nur am guten Geschmack, aber warum sollte man es nicht einmal mit Zimtsternen oder in diesem Fall vielleicht eher mit Zimtherzen probieren.

Wilde Möhre

Ist Ihnen bekannt, dass die Urgroßmutter unserer heutigen, von Säuglingsbeinen an wohlbekannten Möhre in unserer unmittelbaren Umgebung wächst? Bei einem Sommerausflug in die Wiesen der näheren Umgebung sind zuhauf die weißen Doldenblüten der Wilden Möhre zu entdecken. Ungeübte verwechseln sie leicht mit Kerbel und Kümmel, die jetzt auch blühen. Doch die Wilde Möhre hat ein Merkmal, das sie von allen anderen Doldenblütlern auf der Wiese unterscheidet. Sie hat eine dunkelrote Blüte inmitten des Blütenstandes. Für ihre Samen bildet sie aus dem ehemaligen Blütenstand ein „Nest“. Wenn man an solch einer Pflanze einmal kräftig zieht, kommt eine kleine, cremefarbene Wurzel in Form einer Möhre zum Vorschein. Wagt der Kräuterfreund dann noch einen herzhaften Biss in dieses Würzelchen, so bin ich sicher,

Die Rinde des Zimtstrauches hat eine stimmungsaufhellende Wirkung.

Die in diesem Buch besprochenen und dargestellten Produkte sind Erzeugnisse der Sternfelser Kräuterhexe. Ein Großteil davon ist in ihrem Hexenladen erhältlich. Alle in diesem Buch dargestellten Teemischungen sind käuflich zu erwerben.

Galerie aktiv der Sternenfelser Kräuterhexe
Frau Gabriele Bickel
Maulbronner Straße 10
75447 Sternenfels
Tel. / Fax: 07045 / 4 00 47
Homepage: www.kraeuterhexe.de

Sternenfels im Enzkreis liegt im Stromberggebiet am Rande des Kraichgaus an der Achse Pforzheim–Maulbronn–Heilbronn.

Register

Halbfette Zahlen weisen auf Abbildungen hin.

Gabriele Bickel hat nach einer Ausbildung zur Apothekenhelferin und anschließend Pharmazeutisch-Technischen Assistentin Grafik und Design studiert. Nach der Geburt Ihrer jetzt dreizehnjährigen Tochter beschäftigte sie sich mehr und mehr mit Kräutern und Gewürzen sowie ihrer Anwendung. 1993 eröffnete Frau Bickel ihren ersten Kräuterhexenladen, 1996 kam der zweite im Kloster Maulbronn dazu und im sogenannten Kräuterhexenkeller in Karlsruhe werden Rezepte nach Kräuterhexenart serviert.

Sowohl durch ihre Bücher als auch ihre Auftritte in Funk und Fernsehen ist die „Kräuterhexe von Sternenfels" weit über die Grenzen ihrer baden-württembergischen Heimat hinaus einem großen Publikum bekannt.

Vermerk: Alle Rezepte unterliegen dem Copyright by Galerie aktiv, D-75447 Sternenfels.
Alle Mengenangaben ohne Gewähr.
Mischungen können unterschiedliche Intensitätsergebnisse haben.

In diesem Buch werden Hinweise zur Naturheilkunde gegeben. Nur auf die beschriebenen Arten trifft die angegebene Verwendung zu, ihr Gebrauch setzt daher ihre sichere Kenntnis voraus. Heilpflanzentees sollten immer nur beschränkte Zeit und nicht länger als nötig eingenommen werden, auch Hausteemischungen sollte man öfter mal wechseln, verschiedene Kräuter, wie zum Beispiel Rosmarin und Salbei dürfen nicht während der Schwangerschaft eingenommen werden. Behandelt werden dürfen nur leichtere Gesundheitsstörungen, die keiner ärztlichen Behandlung bedürfen. Den Arztbesuch kann dieses Buch auf keinen Fall ersetzen.

Alle Angaben in diesem Buch sind sorgfältig geprüft und geben den neuesten Wissensstand bei der Veröffentlichung wieder. Da sich das Wissen aber laufend und in rascher Folge weiterentwickelt und vergrößert, muss jeder Anwender prüfen, ob die Angaben nicht durch neuere Erkenntnisse überholt sind. Dazu muss er zum Beispiel Beipackzettel lesen und genau befolgen sowie Gebrauchsanweisungen und Gesetze beachten.

Bildnachweis

Mit **209 Farbfotos** von:
GBA / GPL, Au / Hallertau (S.10, 36 o, 37 o, 65, 109 o, 132 u, 144 o) • IDM, Kohl PR & Partner, Bonn (S.102) • Institut für Geschichte der Medizin, Heidelberg (S.86 beide) • Roland Krieg, Waldkirch (S. 68 / 69, 77 u) • Hans E. Laux, Biberach/Riß (S.13, 29, 30 u, 33 o, 34, 37 u, 41, 47 u, 55, 62 o, 83, 117, 122 o, 127, 128 beide, 129, 130, 131 beide, 133, 134 beide, 135 beide, 137 beide, 138 beide, 139 u, 140 beide, 142 u, 144 u, 145 beide, 146 o, 147 beide, 148 beide) • Lothar Lenz, Cochem (S.95) • Wolfgang Redeleit, Bienenbüttel (S.18 u, 142 o) • Reinhard-Tierfoto, Heiligkreuzsteinach (S.12 / 13, 17, 21, 23, 32, 33 u, 35 re, 36 u, 48 o, 52 / 53, 60 u, 76 u, 85, 90 / 91 u, 96, 114 o, 123 u, 132 o, 136 beide, 139 o, 141, 143) • Nils Reinhard, Heiligkreuzsteinach (S. 112 / 113, 124) • Ralf Roppelt, Sahara Werbeagentur, Stuttgart (S. 1, 2 / 3, 4, 5, 6, 7, 8, 9, 11, 16, 20 u, 25, 26, 27 drei, 28 u, 30 o, 31, 35 li, 38, 38 / 39, 40 / 41, 43 beide, 44, 45 beide, 46,47 o, 48 u, 50, 52 u, 53, 54 beide, 54 / 55, 56 drei, 57, 58 beide, 58 / 59, 59 o, 60 o, 63, 64 beide, 66 / 67, 70 / 71 beide, 73, 75, 76 o, 79, 80 beide, 81 drei, 84, 88 beide, 89, 90 o, 91, 92, 93 beide, 94 beide, 97 beide, 98, 98 / 99, 100 o, 101 beide, 103 beide, 102/103, 104/105, 108 beide, 109 u, 110 beide, 112 re, 113 ure, 114 u, 115 o, 118, 119, 121, 122 / 123 u, 123 o, 125 beide, 146 / 147 u, 149, 154) • Bildarchiv Sammer, Neuenkirchen (S.18 o, 20 o, 22, 24 / 25, 61, 62 u, 100 u, 115 u) • Annerose Schatter, Stuttgart (S.42, 111, 112 li, 113 ore) • Jutta Schneider / Will, Grenzach (S.51 beide, 52 o, 59 u, 78, 82 / 83, 99, 107, 120, 126 / 127) • Friedrich Strauß, Au / Hallertau (S.14, 69, 77 o, 87).

Mit **43 Farbillustrationen** von:
Reinhild Hofmann, München (S.15 beide, 16, 17, 19 beide, 21, 22, 26, 28 o, 31, 34, 39, 44, 46, 49, 50, 57, 61, 63, 67, 73, 74, 78, 79, 89, 91, 95, 102, 105, 106, 116, 119, 122, 129, 130, 131, 133, 136/137, 139, 140, 145) • Horst Lünser, Berlin (S.72).

Informationen senden wir Ihnen gerne zu

Bücher · Kalender · Spiele · Experimentierkästen · CDs · Videos · Seminare
Natur · Garten & Zimmerpflanzen · Heimtiere · Pferde & Reiten · Astronomie · Angeln & Jagd · Eisenbahn & Nutzfahrzeuge · Kinder & Jugend

KOSMOS Postfach 10 60 11
D-70049 Stuttgart
TELEFON +49 (0)711-2191-0
FAX +49 (0)711-2191-422
WEB www.kosmos.de
E-MAIL info@kosmos.de

Impressum

Umschlaggestaltung von Atelier Reichert, Stuttgart.
Umschlagvorderseite: Reinhard-Tierfoto (Flaschen).
Umschlag Hintergrundbild: Roland Krieg (Salbei).

Mit 211 Farbfotos und 43 Farbillustrationen

Die Deutsche Bibliothek – CIP-Einheitsaufnahme:
Ein Titelsatz für diese Publikation ist bei Der Deutschen Bibliothek erhältlich.

© 2000, Franckh-Kosmos Verlags-GmbH & Co., Stuttgart
Alle Rechte vorbehalten
ISBN 3-440-08245-8
Zusammengestellt von Marion Schulz und Iris Schneider
Lektorat: Christiane Theis
Grundlayout: Atelier Reichert, Stuttgart
Gestaltung: Guido Schlaich, München
Produktion: Heiderose Stetter
Satz und Repro: Typomedia GmbH, Ostfildern
Printed in Germany / Imprimé en Allemagne
Druck und Buchbinder: Westermann Druck Zwickau GmbH, Zwickau

KOSMOS

Gabriele Bickel

Die Sternenfelser Kräuterhexe

Gegen so manches Unwohlsein ist ein Kraut gewachsen. Gegen Kopfschmerzen und Frauenleiden, gegen Hautprobleme oder Depressionen. Kräuterhexe Gabriele Bickel zeigt, wie man Heilmittel aus Kräutern selbstmacht und verrät ihre besten Rezepte für Tinkturen, Elixiere und Kräutertees.

Meine Kräuterhexen-gesundheit

155 Seiten
224 Abbildungen

ISBN 3-440-07634-2

Aus dem Zauberkästchen einer Kräuterhexe: Von uralten Geheimnissen der Kräutermedizin bis zu Schönheitsmitteln, von Geschenkideen bis zu köstlichen Rezepten wie Gewürzwein, Wildkräutersalate, Kräuterkekse, Rosenwasser ...

Mein Kräuterhexenwissen

155 Seiten
228 Abbildungen

ISBN 3-440-07277-0

ISBN 3-440-08192-3

www.kosmos.de